# Ahora te puedes marchar... *o* NO

**Edición:** Carolina Genovese
**Coordinación de diseño:** Marianela Acuña
**Diseño:** Julián Balangero

© 2018 Leonardo José Piccioli
© 2019 VR Editoras S. A. de C. V.
www.vreditoras.com

**México:** Dakota 274, colonia Nápoles
C. P. 03810, Del. Benito Juárez, Ciudad de México
Tel.: (5255) 5220-6620/21 • 01800-543-4995
e-mail: editoras@vreditoras.com.mx

**Argentina:** Florida 833, piso 2, oficina 203 (C1005AAQ), Buenos Aires
Tel.: (54-11) 5352-9444
e-mail: editorial@vreditoras.com

Primera edición: octubre 2019

ISBN: 978-987-747-575-3

Impreso en México en Impresora Tauro S. A. de C. V.
Año de Juarez número 343, Col. Granjas San Antonio, C. P. 09070
Delgación Iztapalapa, Ciudad de México.

# Ahora te puedes marchar... o NO

Haz lo que amas o ama lo que haces
(dentro y fuera de las empresas)

## LEO PICCIOLI

V&R
EDITORAS

# ÍNDICE

# INTRODUCCIÓN

**M**ientras va terminando el domingo te arrepientes, otra vez, de no haberlo disfrutado más. No puedes dejar de pensar en el día siguiente: otro lunes en el que tienes que tolerar la cara de pocas pulgas de tu jefe, el ruido continuo en la oficina y hasta las quejas de los clientes o de los proveedores.

Antes pensabas que tu problema era trabajar de manera independiente pero, ahora que lo haces en una empresa, con un sueldo y más seguridad, sigues sufriendo al empezar la semana. O quizás te sucede lo contrario, dejaste un puesto en una compañía para emprender, pero no es todo lo maravilloso que te habían contado ni lo que esperabas.

¿No te sientes feliz en tu trabajo? Definitivamente no eres la única persona a la que le sucede esto, hay millones.

*Ahora te puedes marchar... o no* es un libro que te ayudará ante cualquier situación laboral, no importa si estás emprendiendo o si trabajas en relación de dependencia. Es para alguien que recién está dando sus primeros pasos en el mundo del trabajo y para quien tiene décadas de experiencia y hasta llegó a ser gerente de una compañía. Es un libro para todos los que queremos trabajar más felices.

Como decían nuestros abuelos, "no hipoteques tu futuro por tu presente". Pero yo creo que es importante dar vuelta la frase: "no hipoteques tu presente por tu futuro". **Juntos, encontraremos un equilibrio entre ambas ideas para poder pararnos en un punto medio.** En los últimos 10 años pude ofrecerles una visión diferente a miles de personas (con las que conversé personalmente, una a una, en conferencias, o a través de mis artículos y podcasts); una visión que algunos llaman "disruptiva", pero que en realidad tiene que ver con preguntarnos "por qué" y "para qué" repetidas veces, y que apunta a generar un diálogo interno basado en el sentido común y en la coherencia.

En este libro voy a ayudarte a entender cuándo el trabajo es un medio y cuándo es un fin en sí mismo (una pista: nunca). Así, podrás construir una carrera en donde seas protagonista, desarrollando planes de corto, mediano y largo plazo, con diferentes escenarios que te ayudarán a ser feliz. Para esto, te propongo que salgas del piloto automático, que dejes de creer que estás haciendo "lo que debes hacer" y que te desprendas de mandatos antiguos, explícitos o implícitos, que se sostienen en una paradoja: la zona de confort poco confortable.

Si haces memoria recordarás que, cada vez que aprendiste algo, pasaste por un momento de incomodidad: tal vez cayéndote al aprender a caminar, teniendo que estudiar en la escuela, o cometiendo algún error. Así que el camino que vamos a recorrer en este libro será útil, pero, además, interesante, divertido y muy desafiante.

*Ahora te puedes marchar… o no* te movilizará, te sacudirá y te sorprenderá. Puedes cerrar el libro en cualquier momento y seguir en donde estás. O puedes abrir la puerta y transformarte. La decisión es tuya.

Para generar este cambio, en cada capítulo desarrollo en profundidad un tema relacionado con el mundo laboral, con historias y explicaciones fáciles de comprender. Busco ofrecerte un punto de vista diferente, que te ayude a pensar y a decidir. A veces estarás de acuerdo y otras opinarás lo opuesto. **Está muy bien: no hay opiniones correctas o incorrectas, sino aprendizaje constante.** De hecho, tal vez lo primero que tengamos que entender es que nos cuesta vernos como eternos aprendices y que ocupamos un puesto, hacemos una tarea o manejamos nuestra empresa con la lógica del siglo XX, en el siglo XXI. Y algunas cositas han cambiado, ¿no?

Para lecturas rápidas o, incluso, para recordar lo leído, cada capítulo de este libro contiene frases importantes en los márgenes, que son cortas y concretas, de esas que uno compartiría en las redes sociales. Si lo haces, ¡no te olvides de incluir el hashtag #AhoraTePuedesMarcharONo!

Al finalizar cada capítulo encontrarás una sección que te ayudará a ponerte en acción, que se llama "Trabajo para mí", e incluye una serie de actividades pensadas especialmente para reforzar conceptos, para que los cuestiones, para que te pongas en acción o simplemente para que te conozcas mejor. Algunas serán muy divertidas y en otras tendrás que trabajarte profundamente y a conciencia. Pero todas tienen el mismo objetivo: ayudarte. Para esto, necesitarás un bolígrafo y, en algunos casos, papel.

Justo después de las actividades hallarás algunas ideas y conclusiones adicionales, pero en formato gráfico y con datos numéricos: el mundo está cambiando y, con esos cambios, la manera en la que nos comunicamos. Una de las cosas que aprendí es que cuando comunico, al agregar gráficos y números, hago que los mensajes sean más sólidos y efectivos.

Con esta perspectiva, en 2019 lancé una encuesta que me sorprendió por sus resultados: participaron más de 3400 personas de 40 países, aun cuando incluía preguntas tales como "¿has mentido en tu hoja de vida o currículum?" o "¿qué prefieres ser: cabeza de ratón o cola de león?". Gracias a esta encuesta pude elaborar las secciones "Bien gráfico" y "El dato" de cada capítulo.

La última parte de *Ahora te puedes marchar... o no* es un poco diferente: aún más enfocada en la acción que el resto del libro. Contiene el curso "Buscar trabajo es un trabajo", ya realizado por más de 8000 personas. Con él podrás, paso a paso, iniciar una nueva búsqueda laboral o reinventar tu trabajo actual, conociéndote mejor.

Durante la lectura de este libro transitarás diferentes sensaciones; cuando sentimos, aprendemos mejor. Podrás aplicar en el momento algunas técnicas e ideas y construirás, a lo largo del proceso de lectura, una visión renovada acerca de tu trabajo. Así podrás responderte por qué lo haces, qué puedes esperar de él y qué no. Y, eventualmente, también podrás elegir amar lo que haces o hacer lo que amas.

Con todos estos elementos irás actuando, creando, decidiendo y construyendo un trabajo, sea independiente o no, que te hará cada día más feliz.

Bienvenido/a
a este camino
de aprendizaje,
reinvención
y acción.

# CAPÍTULO 1
# ¿Todos somos emprendedores?

"**¡D**espierta al emprendedor dentro tuyo! ¡Tú puedes!".

Los medios, las series, los podcasts y nuestros amigos parecen gritar al unísono esos mensajes de aliento, algo que luego nos repetimos a nosotros mismos hasta sentir que, si no lo hacemos, no estamos completos.

Yo sé lo que el sabio lector está pensando: "Sí, lo gritan los mismos que a nuestros padres les decían: '¡Estudia, encuentra una buena empresa y aguanta todo hasta jubilarte! ¡Tú puedes!'". Y también propagaban ese mensaje, logrando que se sintieran incompletos si no lo hacían. Estudiaban una carrera universitaria porque debían, tratando de cumplir con lo que creían que se esperaba de ellos.

Y el ciclo se repite, ahora con los emprendedores.
O no.

Tal vez, en realidad, ser emprendedor o ser empleado no es tan distinto. Y la diferencia está en nuestra actitud. O quizás, la expectativa de vida crece tanto que podemos (y debemos) ser ambas cosas, para realmente elegir qué disfrutamos más en cada momento de nuestra vida, en dónde podemos agregar más valor (léase "ganar más dinero") y, en definitiva, cómo ser más felices.

Si pudiera, como con una varita mágica, elegir un efecto de este libro sería, justamente, poder librarnos de ciertos mandatos que nos empujan a ser algo "porque se debe" o "porque otro lo dice" y empoderar al lector para que elija y sea protagonista de su vida.

En este capítulo veremos que emprender y trabajar para otro no son tan diferentes, sino dos caras de la misma moneda. Quizás son etapas necesarias o, en realidad, son lo mismo y es preciso poner el foco en otro lado.

Respecto de esto, habitualmente se consideran ciertas diferencias entre emprender y ser empleado, que no son tales. Veámoslas a continuación.

## EL EMPLEO POR TIEMPO INDETERMINADO

Todos sostienen que el empleado tiene un sueldo siempre que no lo echen o renuncie, mientras que el emprendedor tiene que ganárselo a cada momento. Sin embargo, se suelen plantear como dos extremos que, en realidad, no existen.

Aunque los contratos de empleo suelan ser "por tiempo indeterminado", hay un factor que los hace más cortos: las empresas viven cada vez menos tiempo. El cambio tecnológico exacerbó esta situación, generando disrupciones en todos los mercados, llevando a cada vez más empresas a fundirse.

¿Qué sentido tiene, entonces, un contrato para siempre con una empresa que no va a durar ni un par de años? El problema principal de esto es que muchas veces el empleado cree, realmente, que ese contrato es eterno.

Recuerdo la comodidad que tenía después de 3 o 4 años de estar en la misma compañía. Venía creciendo, cumpliendo mis promesas, todos coincidían en que era muy importante para la organización. Pero en 2001 no fue una disrupción tecnológica sino la gran crisis económica de la Argentina la que casi acaba con mi puesto, junto con toda la empresa. Por suerte salimos adelante, pero fue un baño de realidad: "nada es para siempre y las empresas menos todavía". El empleado estatal, en aquellos países en los que una gran parte de la población trabaja en el Estado, como en la Argentina, podría tentarse y relajarse. El pensamiento es "el Estado no puede quebrar". Justamente, este país no deja de demostrar que sí, puede, y claramente tendrá que hacerlo, como todos los demás países que son eficientes, por el bien de sus ciudadanos.

Por otro lado, el emprendedor supuestamente debe ganarse el ingreso día a día, conseguir sus clientes, cobrar, descansar

*Debemos estar siempre abiertos a cambiar de trabajo.*

*Todos somos emprendedores, aunque a veces le damos servicio a un solo cliente por mucho tiempo.*

y empezar de nuevo. Pero la realidad es que, en la mayoría de los negocios, buena parte de los clientes son recurrentes o llegan por medio de la viralización. En otras palabras, un emprendedor puede relajarse un tiempo, sin perder un centavo de ingresos. Al igual que el empleado.

En resumen, tanto el empleado como el emprendedor tienen que trabajar todos los días para ganar su ingreso. El que no lo haga tiene más chances de perderlo.

# DERECHOS TORCIDOS

Seguramente hay una fórmula matemática para graficarlo, pero a veces es mejor un relato.

Siempre recuerdo a Soledad. Había comenzado con nosotros el primer día, en esas épocas en las que "atábamos todo con alambre". La empresa necesitaba vender, era lo único que importaba.

Cada uno tenía su responsabilidad bastante bien definida, para ser un emprendimiento nuevo. Pero también sabíamos que éramos un equipo, que conseguir clientes, atenderlos y cobrarles era lo más importante de todo, claramente más relevante que la tarea de cada uno.

La foto de Soledad, tomando un pedido por teléfono cuando no andaba el sitio web, sentada en el piso y usando la silla como mesa, aparecía siempre en nuestras fiestas de fin de año y disparaba historias de aquella época.

Al principio sentía que asistir a esos eventos laborales era una pérdida de tiempo, que socializar no era necesario. Pero de a poco fui entendiendo que estábamos solidificando una cultura de foco en el cliente, y con las historias que compartíamos dejábamos claro qué era lo importante.

Soledad creció con la compañía, todos los años. Como casi todos. Al quinto o sexto año, no recuerdo bien, pasó unos meses de mal humor. Decidimos que no estaba preparada para seguir creciendo y trajimos a alguien de afuera. "Alguien con canas", dijimos. Y buscamos ese perfil. Necesitábamos a una persona con más experiencia, que no tuviera que inventar todo desde cero, que pusiera un poco de orden y nos llevara a un nuevo escalón como empresa.

Ese año usamos la misma foto en la fiesta pero, 6 meses después, echamos a Soledad. Durante casi un año habíamos invertido dinero en formarla, le habíamos propuesto cambiar de área para que pudiera seguir aprendiendo, habíamos tratado por todos los medios de cuidarla y de que tuviera un futuro con nosotros. "Me merecía ese puesto. No me merecía que me echen, tenía derecho a quedarme", nos dijo su último día.

*La cultura se construye todos los días.*

Aunque hicimos objetivamente todo lo que pudimos, dolió muchísimo tomar esa decisión antes, dolió muchísimo después y sigue doliendo hoy. Sin embargo, con el tiempo aprendimos que una empresa debe reinventarse constantemente para ser exitosa y necesita gente comprometida, no solo con el proyecto, sino también con la idea de cambio.

Si un día desarrollara la fórmula matemática, diría que la probabilidad de mantener el empleo depende en un gran porcentaje de cuánto valor creen tus jefes que puedes agregar en el futuro, otra parte depende de cuán bien le esté yendo a la compañía, y un poquito, pero muy poquito, se basaría en tu historia dentro de la empresas.

¿Y cuánta es la probabilidad de que tu emprendimiento siga adelante? Un gran porcentaje depende de cuánto valor creen tus clientes que puedes agregarles en el futuro, otra parte de cuán bien te esté yendo ahora, y no se basa en nada de tu historia. Es una diferencia muy pequeña entre emprender y ser empleado, que siempre creemos que es mucho mayor.

*Lo que hiciste en el pasado no te da derecho a nada.*

## LA LIBERTAD

Idealizamos al emprendedor como un ser "libre", que puede elegir qué hacer en cada momento. Y, en cambio, vemos al empleado como alguien que debe "obedecer".

Esto, que hace unas décadas era casi una verdad, tiende a cambiar: a medida que la tecnología avanza, las empresas necesitan algo diferente de sus empleados. Antes, hacían trabajos repetitivos que eran medidos con detalle para poder mejorarlos: a principios del siglo XX, principalmente con Henry Ford, el fundador de Ford Motor Company, se desarrolla en la industria la división de tareas, en donde cada empleado cuanto más especializado en una actividad o proceso, más productivo es. Más adelante, el ingeniero industrial y economista Frederick Taylor le pone una visión mucho más científica al mundo del trabajo, midiendo todo para poder mejorarlo.

Esos trabajos, cada vez más, tienden a ser reemplazados por máquinas. En realidad, como veremos en los próximos capítulos, ya eran de las máquinas hace cientos de años y nos los prestaron. Ahora, simplemente, se los estamos devolviendo.

Y los humanos pasamos a hacer tareas creativas, de empatía, de resolución de problemas. Es decir, todas aquellas actividades en donde debemos tomar decisiones. Sí, incluso como empleados, la cantidad de decisiones que debemos tomar viene creciendo y seguirá haciéndolo.

"¡Claro, pero el emprendedor decide todo!", argumentan algunos. El emprendedor, que en apariencia decide todo, al montar un negocio incurre en obligaciones de corto y largo plazo con sus clientes, proveedores, empleados, inversores, el Estado, diferentes actores con los que se compromete, y esto limita su capacidad de decidir. Es curioso, porque muchas veces me encuentro con emprendedores a los que esta situación los lleva al extremo de pensar que todo lo que hacen es porque están obligados, olvidándose de que, en algún momento, eligieron ser independientes... ¡para poder elegir! A esos emprendedores los desafío a que no trabajen al día siguiente (reto que hago con todo el mundo) y que luego me cuenten qué cosas dejaron realmente de funcionar.

Por su parte, el empleado puede creer erróneamente que no elige nada, olvidando que todas las mañanas elige ir a trabajar. Y el emprendedor puede creer lo opuesto, que todo el tiempo tiene que estar tomando decisiones, en lugar de delegar y enfocarse en lo importante. Para ambos, tomar conciencia es clave.

El empleado elige más de lo que cree y el emprendedor menos de lo que cree.

# NO TENER JEFE

Supongamos que eres empleado de una empresa, ¿cuál es la probabilidad de que te guste tu jefe? Depende de ambas personas, de él/ella y de ti. Pero siempre tendrás que hacer cosas con las que no estés de acuerdo porque, si estuvieran de acuerdo en todo, estaría sobrando uno de ustedes.

Y cuando haces cosas que no quieres, dices: "¡Quiero emprender para no tener un jefe!". Tal vez muy bajito agregas: "porque quiero tener muchos, algunos buenos y otros insoportables, los que pagan bien y los que no, los que me llaman los fines de semana y los que lo hacen los martes a las 22 horas".

Pero yo creo que ni piensas ni pronuncias esta última frase. Creo que, nuevamente, el empleado ve solo el glamour, lo lindo de emprender, la parte idealizada del negocio. Es así como el empleado piensa que el emprendedor no tiene jefe, cuando en realidad tiene muchos más: sus clientes. O tal vez tiene inversores, que también son, hasta cierto punto, jefes. O quizás, el emprendedor es tan autoexigente que es el peor jefe que podría tener.

La expresión "no quiero tener jefe" de aquel que quiere emprender y del empleado es una ilusión. Es un sueño no solo imposible, sino también no tan bueno. Siempre tenemos alguien que elige pagarnos por lo que hacemos, que nos dice con esa decisión si estamos agregándole valor o no, así como siempre también "somos jefes" de otros, a quienes decidimos comprarles productos o

*Si te encuentras todos los días soñando con "pasarte al otro lado", tienes dos opciones: hacer un plan o cambiar de sueño.*

servicios y podemos decirles lo que queremos o dejamos de querer. Somos seres sociales y, cuando trabajamos, tenemos la oportunidad de interactuar con otros, construir puentes, tomar lo bueno y dar lo que tenemos. Es así como cambiamos de roles todo el tiempo y, en ciertos momentos, somos empleados y en otros somos los jefes.

*No mires el pasto del vecino sin antes regar el propio.*

## EL MANEJO DEL TIEMPO

Recuerdo cuando Alejandra me contaba, angustiada, que estaba cansada de trabajar los fines de semana. Es diseñadora gráfica y sus clientes la apreciaban por su velocidad, así que no podía descansar cuando quería, sino solo cuando la dejaban.

Por esa misma época, Pedro, empleado de la misma empresa desde hacía 10 años, me decía: "Estoy 8 horas por día en la oficina, soy productivo solo 5, pero no me dejan ir, necesitan verme ahí. Quiero independizarme para manejar mis horarios".

Claro que le conté sobre Alejandra y le aseguré que uno puede ser empleado y controlar sus horarios, y ser independiente y no controlarlos. Depende de la capacidad de uno de lograrlo, y siempre hay una forma.

Y a Alejandra le sugerí que subiera sus precios. Claramente estaba dando mucho valor a sus clientes, y eso le iba a permitir trabajar menos los fines de semana o hacerlo más feliz.

En el imaginario colectivo, el emprendedor maneja su tiempo a su gusto, se levanta a las 10 de la mañana y puede dejar su trabajo a cualquier hora para mirar la temporada de su serie favorita, simplemente porque es libre. Pero esto es algo totalmente irreal.

Por otro lado, los empleados tienden cada vez más a manejarse con horarios flexibles y días de trabajo desde sus hogares. Y esto genera un cambio beneficioso con respecto a los modelos de las empresas que se veían en las décadas anteriores.

Cada vez más, los empleados trabajan sobre la base de proyectos y resultados, igual que los emprendedores. Es decir que tanto el emprendedor como el empleado van tendiendo hacia lo mismo en el uso del tiempo: foco en el resultado, más que en formalidades como el control de horarios o ir a la oficina.

*Tanto el emprendedor como el empleado son artífices de su propio destino.*

## UN TÍTULO PARA PERTENECER

"¿Estás casado con la empresa? ¿Entonces por qué te presentas como Leo Piccioli, de tal empresa? ¿No te es suficiente con ser quien eres, que debes agregarte esa marca al nombre?". Parecía una ametralladora de preguntas que daban todas en el centro del objetivo. Pero Diego lo hacía con la intención de ayudarme. Y lo logró, porque fue la última vez que me presenté así.

Alguien podría decir que las empresas, maquiavélicamente, nos incentivan a que nos hagamos adictos a sus beneficios, entre ellos el de "pertenecer". Pero somos nosotros los responsables de generar ese "sentimiento de pertenencia", cuando, por ejemplo, para conocer a alguien lo primero que le preguntamos es "¿En dónde trabajas?". Tal vez por costumbre, tal vez por inseguridad o quizás por la combinación de ambas, sentimos que ser parte de ese círculo selecto nos da estatus, nos hace mejores de lo que en realidad somos.

Muchas veces creemos que somos lo que hacemos, el empleo o puesto que tenemos, pero somos mucho más que nuestros trabajos. Y, por momentos, olvidamos que hoy podemos hacer este trabajo en esta empresa y mañana en otra o quizás como emprendedores.

¿Te presentarías en una reunión como "novia de tal" o "esposo de fulana"? Seguramente no, salvo que, en principio, hayan invitado solo a tu pareja. Si nuestra vida sentimental es más importante que la laboral, para muchos, al menos, ¿por qué hablamos de la empresa en la que trabajamos como si fuera nuestra pareja? ¿Llevará esto a que sintamos una necesidad de fidelidad exagerada a la empresa? ¿Acaso cambiamos quiénes somos si tenemos otro empleo?

Muchas veces el emprendedor, el que está creando una compañía, prefiere decir: "Hola, soy Tomás, emprendedor", simplemente porque nadie conoce la marca todavía. Y hay un 80 % de chances de que nadie la conozca jamás. Entonces, el sueño de muchos emprendedores es dejar de serlo, convertir su proyecto en "una empresa" y tomar ese apellido, también sin darse cuenta de que la vida es cada vez más larga, las cosas que hacemos más variadas y quiénes somos es una construcción mucho más compleja, que no nos define en una marca o una palabra.

*Quién eres es mucho más importante que tu trabajo actual.*

# CAMBIAR EL MUNDO

Solemos creer que Steve Jobs se convirtió en emprendedor para inventar el iPod y luego el iPhone y cambiar, así, una tras otra, las industrias de la música, la telefonía e internet. O nos construimos la historia de que Mark Zuckerberg quiso crear la red social más usada de la historia para conectar el mundo y, en el camino, hacerse millonario... Pero olvidamos que Jobs empezó como vendedor de las computadoras que desarrollaba su socio, y Zuckerberg quería, básicamente, una novia.

Como contrapartida, cuando hablamos de Kodak nos enfocamos en cómo perdieron el negocio de la fotografía digital por no innovar, dejando de lado al ingeniero Steven Sasson, que a sus 24 años, en 1975, plantó las semillas de las cámaras que tenemos en nuestros celulares... Y lo hizo como empleado de aquella empresa.

O no pensamos en los miles de medicamentos que se inventan, productos más confortables que se desarrollan o aviones más seguros que se producen, simplemente porque fueron hechos por empleados de grandes empresas. Hasta dejamos en el tintero al gran diseñador Jonathan Ive, responsable de buena parte de las innovaciones tecnológicas que disfrutamos desde su puesto de empleado de Apple.

Idealizamos al héroe que elegimos como líder del cambio enfocándonos en sus logros y, casi siempre, olvidándonos de quiénes lo acompañaron o sobre qué otras ideas se ensambló para desarrollar las propias. Esto parece casi

*Cuanto más dice un emprendedor que va a cambiar el mundo, menos probable me parece.*

natural e histórico, y no sería dañino si no nos llevara a pensar erróneamente que así se mejora el mundo, con cambios heroicos. Los medios y las conversaciones se enfocan en buscar un punto de inflexión, en petrificar ese momento mágico en el que todo cambió. Así, nos conducen a creer que eso es lo que debemos hacer para mejorar este mundo, perdiendo de vista que todos los cambios, incluso los que llamamos revoluciones, fueron procesos largos en donde uno evolucionó sobre otro. Y esto se puede lograr siendo tanto empleados como emprendedores. Se necesitan diferentes perfiles, diferentes momentos y diferentes actitudes para construir un mundo diferente.

## EMPRENDEDOR O EMPLEADO, UNA CÁSCARA PARA LO IMPORTANTE

Imaginemos que cuando nacemos ya nos consideramos un "emprendedor". Como bebés tenemos inversores (nuestros padres) que confían en nosotros, tanto que están dispuestos a aportar su dinero en el proyecto durante muchos años, a riesgo. ¿Qué resultará de su inversión?

Vamos creciendo y otros comienzan a confiar, tal vez la escuela, nuestros amigos y familiares. Todos ellos invierten dinero, tiempo, atención, sin ninguna promesa explícita, pero sí con la convicción de que algo bueno generaremos.

En cierto momento, quizás terminando la adolescencia o más adelante, tienes más claro a qué quieres dedicarte y cómo vas a agregarle valor a la sociedad. Y, nuevamente, necesitas inversores que crean en tu proyecto, para pagar la universidad o tal vez para obtener un empleo, o quizás para abrir un bar.

Por ejemplo, cuando esos padres exigentes le quitan la mensualidad a aquel veinteañero que quiere ser artista, es porque no quieren invertir en ese emprendimiento. Por suerte, cada vez es menos común, y esto se reducirá hasta desaparecer. Los humanos seremos cada vez más humanos y artistas, como veremos en los próximos capítulos.

**Seguiremos creando nuestro proyecto, que implica, de una u otra manera, construir un mundo mejor.** Así, tal vez elegimos aceptar un puesto de trabajo a cambio de un salario, reduciendo por un tiempo nuestro riesgo. Pero el desafío es pensar cómo seguir creciendo en ese emprendimiento que cada uno de nosotros es, desde que nació. Y, más adelante, podremos convertirnos en inversores de emprendimientos de otros (por ejemplo, de nuestros hijos).

Al final, estamos todos emprendiendo en la vida. Nada es seguro, pero hay personas con actitudes diferentes frente a esto, y esa es la clave: la actitud. Tenemos que entender que, sin importar nuestra situación puntual, podemos vivir la vida como protagonistas, haciéndonos cargo de nuestras decisiones, entendiendo todo lo que no nos gusta como el precio que debemos pagar para lograr otras cosas y respetando nuestra esencia, aquello que llevamos dentro y que nos empuja a dejar este mundo mejor de lo que lo encontramos.

Todos somos
emprendedores de
la vida.

# TRABAJO PARA MÍ

## 1

El día a día: lo que un emprendedor y un empleado son en apariencia es, pues, evidente. Por eso es importante profundizar para entender y conocer la realidad. Busca dos o tres personas a las que consideres en cada categoría y, con tiempo, hazles las siguientes preguntas: ¿Cómo es tu día a día? ¿Cuántas horas trabajas en promedio? ¿Cuán variable es lo que ganas mes a mes? ¿De qué depende? ¿Si pudieras trabajar de cualquier otra cosa, qué harías?

## 2

Constantemente nos vemos influidos por lo que piensan otros pero, muchas veces, sin darnos cuenta. Por eso, para ser felices, es importante que podamos tomar nuestras propias decisiones sobre qué queremos. Para analizarlo, te propongo que hagas una búsqueda en internet de diez noticias de tu país con la palabra "emprendedor" y otras diez con la palabra "empresario". Puedes usar Google, que tiene una opción para "noticias". Léelas y califica el tono de la noticia con respecto a esa palabra como "positivo", "neutral" o "negativo". ¿Cuál es el tono más habitual para cada una? ¿Qué hubiera pasado diez o veinte años atrás? Luego, en el mismo buscador pero general, ya no de noticias, comienza a escribir "un emprendedor es", y espera a ver qué te sugiere. Haz lo mismo con "un empleado es" o "un empresario es", para evaluar las diferencias.

# 3

Introspección: muchas veces lo que deseas es menos importante que por qué lo deseas. Entendiendo esto último, puedes lograr objetivos que te servirán más o te harán más feliz. ¿Cómo considerarlo? Hayas tenido o no experiencia laboral siendo empleado/a o emprendedor/a, imagínate en cada una de estas situaciones y completa el cuadro:

| | EMPRENDEDOR | EMPLEADO |
|---|---|---|
| ¿Cómo te sientes describiendo tu trabajo en una reunión social el sábado a la noche? | | |
| ¿Qué dirá tu entorno (padres, amigos, novia/o, esposa/o, hijos) cuando le cuentes qué haces? | | |
| Si apareciera una noticia laboral sobre ti en el diario, ¿cuál sería? | | |
| ¿Cuánto tiempo te imaginas haciendo este trabajo? | | |
| ¿Qué te permitirá lograr, en otros aspectos de la vida, el tiempo que pases haciendo esto? | | |
| Pasan diez años y sigues haciendo lo mismo. Miras para atrás. ¿Sientes orgullo, felicidad? ¿Qué otras cosas sientes? | | |
| Vas a la reunión de egresados de tu escuela y conversas con tus excompañeros. No puedes evitar compararte. ¿Cómo te sientes? ¿A quién admiras? ¿Quién te admira a ti? | | |

# BIEN GRÁFICO

Acostumbrados a la relación de dependencia o emprendiendo, cumplir horarios era más importante que el resultado de lo que producíamos en ese tiempo.

A medida que la tecnología avanza, las empresas y los emprendimientos necesitan personas más creativas, empáticas y humanas, y nos enfocaremos más en los resultados que queremos conseguir que en los horarios, asemejando más y más el trabajo independiente y el dependiente.

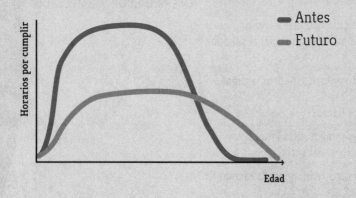

# EL DATO

El hecho de que casi todo lo que como humanos generamos va quedando documentado en internet puede sernos útil para detectar tendencias y modas. "Google Books Ngram Viewer" busca en todos los libros publicados en determinado periodo e idioma las frases que elijas. En el gráfico se puede ver como, en libros en español, hay cada vez más menciones a los "emprendedores", con un salto especial desde el año 2000.

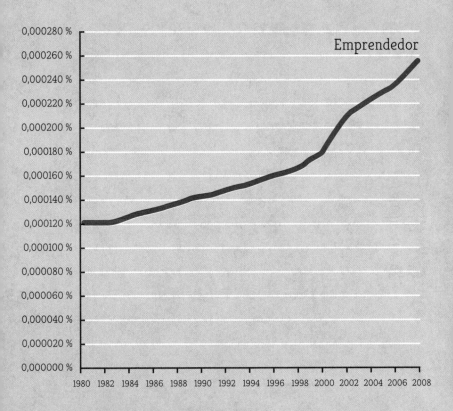

Fuente: Google Books Ngram Viewer

# CAPÍTULO 2
# La carrera de 100 años

**E**n las charlas que doy para estudiantes universitarios siempre pregunto: "¿Qué quieres ser cuando seas grande?". Fue gracioso cuando uno me respondió "médico". Estaba en la carrera de Comunicación de la Universidad Austral de Argentina.

Cuando la expectativa de vida era de 40 años, tenía sentido elegir a los 17 en qué ocuparnos el resto de nuestras vidas. Entonces, en el Medioevo, decidir a los 12 años entre ser herrero o carpintero sonaba bastante lógico.

Pero siendo hoy la expectativa de vida mucho mayor, estamos forzando a las personas a apostar ochenta o noventa años de vida productiva a una decisión que se toma cuando no estamos preparados. ¿Realmente elegimos a los 17 qué vamos a hacer por 80 años más o es solo una pieza del rompecabezas? De niños y de adultos sabemos qué queremos ser de grandes. Entonces, ¿por qué elegimos siendo adolescentes?

Nuestra formación no termina nunca; es muy probable que vivamos más que las empresas para las que trabajamos, así que debemos ser protagonistas de nuestro desarrollo. Sin embargo, todavía hay que elegir a los 17. Y eso que elegimos es el inicio de una "carrera", que antes era de 5K pero hoy se convirtió en un maratón.

Y sobre esta base me pregunto: ¿y si cambiar de carrera (una o varias veces) o no terminar la universidad fuera genial? ¿Y si nos plantearamos una nueva elección de carrera o reafirmar la elección adolescente a los 30/40 años? ¿Puedo lograr una intersección entre dos carreras que me apasionen? ¿Es mejor ser un especialista o un generalista? ¿Nos dejamos llevar por el azar o planificamos nuestro rumbo laboral con lujo de detalles? Si nuestra carrera dura 100 años y tiene mucho fuera de nuestro control, ¿cómo la planificamos? Te cuento todo lo que pienso al respecto en este capítulo.

## POR QUÉ ELEGIMOS LO QUE ELEGIMOS

"Quiero ser médico para salvar vidas", "Voy a estudiar Abogacía para defender a las personas de las injusticias", "Quiero seguir Economía para resolver los problemas de mi país", "O Psicología para resolver los problemas de mi mamá".

Si elegimos la carrera en nuestra época más idealista y romántica, en la adolescencia, las motivaciones lo serán también.

La adolescencia es el momento en el que sientes que estás menos preparado/a para elegir una carrera. Podríamos decir que de niño/a era más probable que supieras qué querías ser (profesor/a, futbolista, astronauta) y, siendo adulto/a, también lo tendrás más claro. Mi sugerencia es que le quites dramatismo a la elección.

En mi caso, me anoté en la universidad para aprender y tener un título: eso es lo que "debía hacer". Sin embargo, el título solo hizo más fácil presentarme frente a desconocidos ("Soy licenciado en Economía"), y lo que aprendí no fue lo que me enseñaron. Me llevé algunos conocimientos, claro, pero la mayoría los olvidé al poco tiempo. Lo más importante que me dejó la universidad fueron cosas que no tuve en cuenta a la hora de elegir. Por ejemplo, las siguientes:

- **Relaciones:** conocí mucha gente. Periódicamente, décadas después, me cruzo con compañeros de estudios. Y siempre tenemos cierto nivel de confianza que nos hace más fácil la relación. Tuve proyectos y oportunidades muy interesantes gracias a mis relaciones de la universidad.

- **Experiencias:** el esfuerzo de enfrentar a profesores de lo más diversos y entender cómo cumplir los objetivos de cada curso me formó. Esto fue de alguna manera una "transición hacia la vida real" bastante sana.

*Quitémosle dramatismo y romanticismo a la elección de la carrera.*

- **Lo que el título les dice a otros:** ¿qué diferencia a tres personas de 25 años, una con un título universitario, otra que trabajó ya seis años y la tercera que ni trabajó ni estudió? Si no sé nada más sobre ellos, las dos primeras personas muestran esfuerzo. Además, el universitario (de nuevo, sin saber nada y aunque parezca injusto) parece pensar más en el largo plazo.

"Yo sabía para el examen, pero me quedé en blanco". No, no sabías a los ojos del mundo. "Soy un excelente trabajador, se van a dar cuenta". Tal vez sí, tal vez no. Lo más probable es que "ellos" no tengan tiempo de conocerte, ¿vas a dejarlo en manos del azar? "Yo no muestro mis logros, ¿qué quieres, que mis compañeros me odien?". ¿Y tú qué quieres, que nadie sepa lo genial que eres? ¡Cómo me costó aprender que para muchas cosas "la verdad" y "lo que se ve de afuera" no coinciden!

Un título universitario, un posgrado, un curso, cualquier diploma transmiten algo diferente a lo que creemos. ¿Son imprescindibles? De ninguna manera. Podemos mostrar que nos esforzamos y que somos disciplinados de muchas otras formas. Por ejemplo, ¿no te gustaría contar con un maratonista en tu equipo, alguien que siga adelante cuando no se puede, que sea capaz de mostrarnos con su ejemplo que lo importante es sobreponerse a los obstáculos y llegar?

Cada vez más, las empresas dejarán de considerar los diplomas como garantía de conocimiento (que se consigue en Google) y más como garantía de esfuerzo (dependiendo del diploma), construcción de redes y experiencia. Imagina que tienen que elegir un candidato, y una de las preguntas que se hacen es "¿Cuánto esfuerzo hizo esta persona para lograr estos resultados en esta institución? ¿Es lo que necesitamos?".

Inevitablemente, todos vamos a estudiar carreras diferentes, alimentadas por estudios y experiencias irrepetibles. Pero ten en cuenta que las etiquetas (carreras, títulos, cursos) son módulos dentro de una carrera única, que es tu vida.

# EQUIVOCARSE Y CAMBIAR ESTÁ MUY BIEN

–Es como elegir entre un café negro y un café con avellanas –le dije hace un año a Matías, que había empezado la carrera de Licenciatura en Economía Empresarial ("el café con avellanas") y me consultó si no sería bueno, para el futuro que quería, cambiar a Licenciatura en Economía ("el café negro").

–De una llegas muy fácil a la otra. Empieza, aprende, entiende e irás eligiendo, casi sin darte cuenta –le dije.

*La carrera que elegimos es solo el comienzo; un primer paso en la preparación hacia el mundo laboral.*

Cuando eliges una carrera das un paso, como tantos que diste y muchos más que están por venir. A veces, en el medio del trayecto, vas a sentir que te equivocas, y eso está genial. A veces, vas a sentir que "pierdes la carrera" y eso es ganar. Otros te van (vamos) a criticar, y eso garantiza que estás creándote y no copiando. Como un ser humano diferente a cualquier otro que haya existido.

Entonces, un error en ese momento no lo es. Si tu objetivo es aprender, tengo que decirte que aprendemos haciendo y, más aún, equivocándonos: ningún bebé aprendió a caminar con un manual de instrucciones o un libro como este. Aprendimos cayéndonos, jugando y desafiándonos, a veces de la mano de alguien, pero luego solos.

Dejar la carrera, empezar muchas diferentes, hacerla muy lentamente o muy rápido, ponerla en pausa... todo lo que algunos dicen que son errores, tropiezos, son tu manera única de crecer. Te aseguro que, si te equivocas, vas a aprender mucho más.

El mundo cambia y lo hace cada vez más rápido. Nadie sabe lo que viene. Por eso elige lo que te guste, lo que te apasione: busca aquello por lo que trabajarías casi gratis, si existe. Cuando yo era adolescente, me decían: "No hipoteques tu futuro por disfrutar tu presente". Ahora yo te digo: "No hipoteques tu presente por disfrutar tu futuro". Elige pensando en tu presente y en tu futuro. No es imposible.

*Si no critican tus decisiones, no estás corriendo opuniendo riesgos.*

## AZAR PLANIFICADO

Gracias a que casi todo lo que se publica online puede ser encontrado más tarde, me crucé con un aviso que escribí en 1995 (sí, en los albores de internet) buscando cursos de posgrado de Periodismo. Ya era economista, pero escribir me gustaba mucho.

En su momento, "la carrera" me absorbió: trabajé en una empresa, luego en otra, fui creciendo y olvidé ese interés por la escritura. Hasta que en 2006 empecé un blog, en donde unía mi trabajo (era gerente general de una empresa) con mi placer por escribir.

A partir del "descubrimiento" de ese aviso empecé a prestarles más atención a qué cosas me interesaban antes y, de a poco, vi como siguen atrayéndome ahora.

Enseguida pienso en la famosa frase "Solo al final vas a poder unir los puntos", de Steve Jobs, cofundador de Apple. Él contó que dejó sus estudios universitarios excepto por una materia: tipografía. Le apasionaba, aunque no sabía para qué la usaría. Años después, veríamos en sus productos electrónicos ese valor por lo estético y, claro, tipografías hermosas. La vida misma cobra sentido hacia el final y hay que dejarse llevar.

*Somos todos autodidactas que, a veces, dejamos que otros nos enseñen.*

Sin embargo, una parte de mí me dice lo opuesto: "Hay que planificar la carrera con un objetivo final y no dejarse engañar por los exitosos emprendedores que abandonaron la universidad, como Steve Jobs, Bill Gates o Mark Zuckerberg".

Finalmente entendí que hay verdad en las dos ideas: debemos planear nuestra carrera, pero también aceptar que el azar (o, en realidad, nuestra capacidad de detectar miles de factores que no podemos explicar) va a marcar nuestro camino y que, al final, vamos a poder explicar todo. Nuevamente una contradicción: planeamiento y azar, que debemos conciliar en nuestras cabezas y corazones.

Así como un líder debe tener al mismo tiempo claridad y seguridad en la visión, y la humildad de aprender a recorrer el camino, cuando lideramos nuestra vida tenemos un Norte y aprendemos a abrazar el azar que surja.

# FREUD EN EL ESPACIO

"Todos pensamos en esas hermosas fotos de la Tierra desde una ventana de la Estación Espacial Internacional, pero nos olvidamos de que, unos días después de sacarlas, el humano que está ahí sigue solo: dejó todas sus conexiones y recuerdos y sabe que, si vuelve, todo va a haber cambiado, menos él", dijo Nick Kanas, profesor de Psiquiatría de la Universidad de California, autor de *Humanos en el espacio, los desafíos psicológicos*. Tiene sentido: cuando nos convirtamos en una especie interplanetaria, el objetivo es que lleguemos a Marte sin estar deprimidos. Sería una pésima imagen.

¿Cómo se le ocurrió en la década del 70 unir la psiquiatría y la astronomía? Puesto en perspectiva, corrió un riesgo enorme y hoy es especialista en un área con demanda creciente. Ya no es ridículo decir que seremos una especie interplanetaria y menos pensar que necesitaremos un diván en las naves espaciales.

Podríamos decir que el doctor Kanas tiene el futuro asegurado. Sin embargo, tendremos que acostumbrarnos a que esto ni siquiera sea cierto para un psiquiatra del espacio. Las certezas en tu carrera son ilusiones. Veamos entonces nuestros pasos en la carrera laboral como apuestas que debemos ir ajustando.

*Más sexo es sexo más seguro* es el título del libro de Steven Landsburg, enésimo economista que mezcló su carrera con la psicología, casi como una revancha de los psicólogos que se introducirán en astronomía, mientras los astrónomos estudian matemática, y los matemáticos trabajan en marketing en las empresas. Las intersecciones de carreras, cada vez más comunes, crean nuevos conocimientos.

Parece que vivimos un proceso contradictorio: por un lado, cada vez más especialización (como veremos en el capítulo 4), pero, por el otro, lo técnico va quedando en un segundo plano y se revaloriza lo humano. ¿Cómo congeniar ambos aspectos? ¿Estamos cada vez más divididos entre especialistas y generalistas?

La mayoría de las estructuras modernas (escuelas, universidades, empresas, Estados) están muy bien preparadas para desarrollar personas similares, intercambiables, porque eso era lo que la sociedad necesitaba.

En el futuro cercano, todo lo que pueda automatizarse se automatizará: esto implica que la sociedad no necesitará un "molde estándar" para formar personas parecidas, sino que cada uno de nosotros podremos diferenciarnos, construir a través de decisiones diferentes a "lo que todos hacen o recomiendan". Seremos poseedores de una individualidad que no solo nos permitirá ser más exitosos dándole a la sociedad lo que necesita pero no sabe, sino que también nos hará mucho más felices.

# MASTER OF THE UNIVERSE

—Quiero hacer un máster —me dijo Lucila, como con ganas de que le discutiera. A sus 27 años ya llevaba nueve en la misma empresa, en el mismo sector. Por supuesto que empecé con la tortura.

—¿Qué quieres ser cuando seas grande?

—Feliz —contestó.

"Seguro me lee", pensé.

—¿Qué esperas que un máster te dé?

—Más herramientas para seguir creciendo, haciéndome más útil para las empresas.

—¿Cómo aguantaste el 30 % de tu vida en la misma compañía?

Tal vez se me fue la mano. Una vez más. Lo importante es entender qué hay detrás de lo que queremos hacer, qué esperamos realmente obtener.

En la charla con Lucila, la clave estuvo en conversar sobre su experiencia en la universidad. "Aprendí mucho, me divertí, me fue muy bien", me contó. "Zona de confort", escuché. Tiene 27, es el momento de correr riesgos, de estar incómoda para aprender.

—¿Hablaste con tu jefe sobre cómo estás?

—No.

—Entonces háblalo con él, su trabajo es ayudarte. Y avísale también que quieres conversar con Recursos Humanos, porque te gusta la empresa y prefieres darles la oportunidad de que te saquen más jugo en otra área. Busca cosas que te diviertan, aun cuando no estén específicamente en tu área de responsabilidad. Ayuda a otros, busca proyectos especiales, lo que sea que te sirva para aprender y mostrarte. Eso es expandir tu "área de influencia", que puede ser tan grande como quieras, puedas y te animes. Dales la chance de que te den una oportunidad diferente. Invirtieron en ti y te prefieren haciendo otra cosa en la empresa que en otro lado. Me da

*No discutas soluciones, discute problemas.*

la sensación (esto es un preconcepto) de que te gustan los desafíos, pero que también estudiar es tu zona de confort. Todos sabemos que eres muy inteligente y que puedes tener un MBA. Lo que queremos saber es cuánto valor puedes agregar en una empresa.

Como ya te conté, considero que el conocimiento que se adquiere en la universidad es menos valioso que el esfuerzo que muestra haber terminado una carrera o un posgrado. Tal vez porque me gradué y, como casi no volví a la universidad, le quito valor. Puedo estar equivocado.

−¿Cómo te fue en tu última entrevista en otra empresa? −seguí ametrallando a Lucila.

−Nunca tuve.

−¡Busca trabajo en otra empresa! Te va a abrir la cabeza. Vas a aprender de ti misma. Tal vez no eres tan capaz como crees. Tal vez eres mejor. Pero todo eso, si no pruebas cosas nuevas, no lo sabrás. Aplica a otros trabajos periódicamente, es sano. Tal vez tu camino está en otra empresa.

−¿No te parece que está mal que escuche propuestas de otras empresas? −me preguntó en un tono de voz casi inaudible.

Así como el verbo *retener* me parece horrible, creo que el jefe que se enoja si alguien de su equipo va a una entrevista laboral en otra empresa tiene una visión a corto plazo. Los miembros de mi equipo no siempre me contaron de sus entrevistas, pero siempre me pareció una excelente oportunidad para valorar

Hoy en día, el conocimiento es un commodity más fácil de obtener online que en un aula.

*Dejemos de actuar como si alguien fuera imprescindible y seremos todos más felices y exitosos.*

lo que tienen, para aprender qué tengo que mejorar yo como jefe o incluso para generar una vacante y tener que cubrirla. Muchos se asustan por esto; yo lo veo como una oportunidad.

—No —le respondí-. No te quedes quieta. Es momento de equivocarse.

Tiempo después, volvió contenta a contarme que había hablado con su jefe y con gente de Recursos Humanos, y que también estaba participando de dos búsquedas externas. Se la notaba muy entusiasmada. Una estudiante de posgrado menos, por ahora.

## LAS PLANTITAS DE ERNESTO

Unos días después de la charla con Lucila, estaba conversando con Ernesto (uruguayo, líder de una empresa en Curitiba, Brasil) sobre sus ganas de mejorar el mundo, su amor por el medio ambiente y la naturaleza, y cómo su carrera se debería ir alineando, más y más, con esa búsqueda, y la búsqueda de la felicidad.

Ya tenía tres posibilidades de mejora, caminos que se le venían abriendo naturalmente y, en cada uno de ellos, había algo positivo: más dinero, más tiempo con la familia, más impacto en el mundo. "Estoy frente a una disyuntiva", me había dicho. Conversando, entendimos que había algunas posibilidades laborales más y que también había que dejar espacio para que surgieran otras. A veces una disyuntiva se resuelve buscando nuevas opciones.

Mi experiencia de 18 años en Officenet/Staples había sido basada en la pasión. Pero casi todo el tiempo en una pasión ciega, que no me permitía ver oportunidades diferentes. Una de las muy pocas veces que di pie a una conversación sobre ir a otra empresa, era para ser gerente general de una consultora de opinión pública. Parecía interesante. Hice mi currículum especialmente (hacía unos 12 años que no lo preparaba) y fui, con mi traje, a las oficinas del *headhunter*. Quince minutos de espera lograron que entrara a la reunión muy enojado, reclamando por cómo me estaban tratando. Obviamente no pasé a la siguiente etapa. Tenían razón.

La conversación con Ernesto había empezado con una disyuntiva y evolucionó. Tenía incluso ahorros como para invertir en el proyecto de chocolates de su esposa y dedicarse a ayudarla. Podía hacer carrera en otro país. Se había formado como coach, así que hasta podía ser un profesional independiente. Surgían cada vez más posibilidades, todas atractivas. Le conté cómo lo veía yo, pero él lo resumió de una manera mucho más sólida, alineada con sus valores: "La vida es un jardín, riega todas las plantitas". Es una frase inmensamente más elegante, clara y positiva que la de las canastas y los huevos.

Muéstrate y escucha siempre. Las mejores oportunidades aparecen cuando no las buscas.

## APRENDEMOS SIEMPRE

Si a los 18 años no tenemos suficientes elementos para tomar una decisión para el resto de nuestra vida, ¿los tendremos a los 30 o 40? La respuesta corta es "no, probablemente nunca sabremos lo suficiente". Y si pudiera agregar algo, sería que la vida es, justamente, esa búsqueda, aprendizaje constante, tomar las cosas con fuerza y soltarlas con ligereza.

Cada vez es más común ver gente de distintas edades en las universidades, empezando o retomando carreras, experimentando, alimentándose de conocimientos, generando también una maravillosa interacción entre generaciones.

**Todo se basa en la humildad, el valor básico para aprender y crecer.** Me encanta citar a Michelangelo Buonarroti, renombrado artista renacentista, quien a sus 87 años dijo: "Todavía aprendo". Era muy exitoso, había llegado a una edad a la que pocos llegaban y, sin embargo, seguía siendo un aprendiz.

Debemos aceptar que nuestra "educación" no termina con un diploma. No termina con un juramento. No termina con una matrícula. No termina. Siempre aprendemos.

Me veo tentado a sostener que debemos quitar la palabra "carrera", que le da una connotación de competencia al estudio, porque es importante entender que nuestro objetivo es ser felices, no ganarle a otro. Pero tengo una sugerencia, creo que superadora: la carrera es contra ti mismo: cada día tienes que ser una versión ligeramente mejor que el día anterior.

Quien corre riesgos más temprano en la vida entiende sus consecuencias y, viendo que no son tan terribles, puede volverse menos conservador con el tiempo, a diferencia de la mayoría.

# TRABAJO PARA MÍ

## 1. APRENDIZAJE DIARIO

### A

Busca videos en internet (Youtube, Instagram o la plataforma que prefieras) sobre temas de los que quieras aprender. Míralos con curiosidad. Al terminar, elige alguna de las sugerencias de esa plataforma para seguir aprendiendo. Corre riesgos, elige los que te puedan resultar más raros, incómodos. Si no te interesan, vuelve atrás y elige otros. Usa los algoritmos a tu favor.

### B

Si manejas o viajas en transporte público, aprovecha este tiempo para escuchar podcasts. Elige, de las categorías "Negocios", "Tecnología" o "Superación", los que te interesen y escúchalos con curiosidad. En español hay cada día más. Así, convertimos nuestros viajes en sesiones de aprendizaje.

### C

Instala una aplicación en tu celular para medir el uso que le das. En la mayoría de los casos, te sorprenderás de ver la proporción de tu día que pasas revisándolo, sea en redes sociales o en juegos. Pregúntate sinceramente si es lo que eliges. No hace falta una disciplina demasiado fuerte para cambiar. Simplemente puedes combinar el uso del celular con los puntos anteriores, por ejemplo, viendo videos en redes sociales para aprender.

# 2. VIAJE AL FUTURO

## A

Imagínate en donde quieres estar en diez años, con detalles:
¿Cómo quieres que sea tu día? ¿A qué te vas a dedicar?

## B

Busca a alguna persona que conozcas, que sea diez
años mayor que tú y que esté en esa situación.
Contáctate con ella y pregúntale cómo es su día, trata
de entender cuán feliz es, si haría algo diferente.
Aprende. Por último, pregúntale cómo era su día diez
años antes.

## C

Compara tu día con el de esta persona. Ajusta tu día
para reencaminarte, o tu objetivo para aceptar el
camino que estás tomando.

# BIEN GRÁFICO

El tiempo que le dedicábamos al estudio antes, esas largas horas que sabíamos que serían obsoletas, ahora se van distribuyendo mucho mejor.

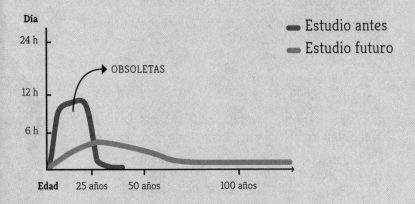

Es absurdo elegir nuestra carrera exactamente en el momento en el que menos sabemos lo que queremos hacer.

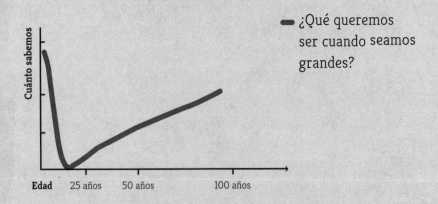

# EL DATO

Cada vez trabajaremos hasta más grandes, tal vez llegando a los 100 años... ¿Te imaginas usando, en el año 2099, el conocimiento que aprendiste en el año 2010?

## ¿Hasta qué edad esperas trabajar?

3421 respuestas

■ **29,4 %**
30 años

■ **12,3 %**
50 años

■ **39,5 %**
40 años

■ **18,8 %**
Más de 60 años

# CAPÍTULO 3
# Aquello que nos mueve: entre la pasión y los valores

–**¿P**or qué elegiste ser periodista? –pregunté.

–Porque me encanta investigar, entrevistar y redactar lo que averiguo para que más gente esté informada –me respondió el director de Noticias del diario, sin dudarlo.

–¿Qué fue lo más interesante que investigaste ayer?

–Ayer me dediqué a editar y titular artículos de otros periodistas. No investigué nada.

–Entiendo, ¿y el mes pasado?

–Lo mismo, y además tuve dos reuniones con el sindicato de periodistas, entrevisté a varios candidatos para un puesto y me puse al día con el trabajo administrativo de los últimos dos meses.

–Si no estás investigando y escribiendo, no estás cumpliendo los objetivos que te movilizaron para ser periodista. Salvo que estos hayan cambiado o que entiendas que desde tu puesto puedes, aun indirectamente, investigar y escribir más. De otro modo, será difícil que seas feliz en tu trabajo.

*Muchas veces la pasión no viene del "qué", sino del "con quién".*

Mariano se sentía atrapado y pensaba que no podía elegir. Pero hasta quien diga que le cuesta tomar decisiones o que no puede hacerlo toma decisiones todo el tiempo. Elegir la carrera, un puesto de trabajo, una conversación, o incluso elegir no tenerla, son todas elecciones que hacemos, muchas veces sin pensarlo.

Cuando entendí qué había detrás de esas decisiones, mi vida mejoró y sigue mejorando.

Automatizar decisiones es clave para nuestra vida, es lo que nos permite poner foco y energía en lo importante. Sin embargo, muchos de estos automatismos fueron decisiones tomadas en contextos o épocas distintas y necesitan ser revisados. En este capítulo trataremos de reconocer qué cosas son realmente importantes para nosotros (nuestros valores, nuestra pasión) y cómo decidir periódicamente pero de una manera más alineada con lo que de verdad queremos para ser felices.

# LA BÚSQUEDA DE LA PASIÓN

Me sentía mareado. Miraba el lugar paradisíaco en el que estábamos y el contraste entre mi cuerpo y mis sensaciones era aún mayor. El colmo fue ese arroz pasado, cocinado en agua turbia que nunca llegó a hervir. Cuando lo servimos parecía el jabón que uno olvida en la ducha, varios días después.

Ninguno comió.

Mientras me preguntaba cómo había llegado a creer que una semana en un velero me iba a apasionar, decidí bajarme. Era el cuarto día. Ya había aprendido mi lección.

En 1989 pensé que mi pasión era la economía y la seguí. Trabajé como economista (siendo consultor y periodista), pero cuando me ofrecieron un cambio acepté. Ese cambio implicaba vender bolígrafos, disquetes y papel de fax. La paradoja era que jamás había soñado con "ser librero" o "papelero". Pero me apasioné. No fue mi sueño, pero liderar esa empresa me entusiasmó desde que entré. Tal vez por la gente con la que trabajé, tal vez por lo disruptivo del plan de negocios o, tal vez, porque me gustaban los productos. No, esto último no era la base de mi entusiasmo.

*Si no te apasiona lo que haces, ponte un desafío mayor.*

Si en la invitación para ser parte del proyecto me hubieran dicho: "Ven a vender productos de papelería", en lugar de "Ven a trabajar con nosotros", ¿habría optado por este cambio de rumbo de la misma manera, con la misma pasión?

Al poco tiempo de empezar a trabajar en la empresa, notamos que vendíamos productos que, eventualmente, desaparecerían. Durante décadas se había hablado de la "oficina sin papeles", pero parecía que esta vez era en serio. Creo que con más años en el negocio, o en la vida, hubiéramos sentido frustración o injusticia. Nos hubiéramos preguntado: "¿Por qué desaparecen los productos que vendemos?". Pero fue al revés: lo vimos como una oportunidad para seguir diferenciándonos.

Pusimos nuestra pasión para imaginar el futuro, testear productos y desarrollar canales nuevos.

Con todo, llegó un momento en el que lo que hacía dejó de apasionarme y empezó a crecer la idea de hablar en público. Y me apasioné de nuevo. En mi caso, al menos, está claro que la pasión no es una sola, que se va construyendo, descubriendo, buscando, encontrando. A lo largo de estos años, muchas veces me han preguntado sobre ese recorrido. Creo que hay cuatro grandes preguntas que resumen casi todas las inquietudes sobre la pasión:

**1.** ¿Cómo encontrar mi pasión?

**2.** ¿Cómo le pongo pasión a algo que creo que no me gusta?

**3.** ¿Qué viene primero, la pasión o saber hacer algo?

**4.** ¿Qué pasaría si todos seguimos nuestra pasión?

Muchas personas creen que no serán felices sin encontrar su pasión, perdiendo de vista que la búsqueda misma es lo que nos da felicidad.

En las empresas escucho muchas críticas a los jóvenes que no duran en el puesto, yéndose rápidamente a otra empresa o incluso a otro país. En mi experiencia estas críticas siempre estuvieron. Siempre los jóvenes son más "buscadores", inquietos

*Muchas veces es la pasión quien nos encuentra, y no al revés.*

tratando de probar cosas diferentes. En esta línea debemos entender que el cambio no es un error sino un acierto; al dejar algo lo hacemos porque ya sabemos que no nos gusta o no nos convoca como antes. Sin embargo, es importante hacer todo el esfuerzo para que algo nos guste antes de cambiar.

Aprendamos de los millennials: busquemos siempre. Probemos algo, si no nos gusta tratemos de cambiarlo, si no nos gusta probemos otra cosa, y así sucesivamente.

## SOBRE GUSTOS Y PASIÓN

Los Beatles tocaron durante años en Liverpool y Hamburgo antes de hacerse famosos. Los basquetbolistas más conocidos entrenaron muchísimo para ser las estrellas que fueron después. Hay algunos estudios –discutibles– que sostienen que con diez mil horas de práctica nos hacemos expertos en una actividad. Es como una espiral: un poco de pasión nos lleva a probar algo que nos gusta, que nos da más pasión, que nos lleva a mejorar, que nos incrementa esa pasión y entonces mejoramos más... hasta el infinito y más allá.

*Que nos guste algo o no es una elección, muchas veces inconsciente, pero que podemos hacer consciente.*

El problema es cómo nos apasionamos por algo que, en principio, no nos gusta. ¿Alguna vez viste a un niño de tres años disfrutar de una buena taza de café negro? Yo tampoco. ¿Cómo es que esa misma persona, veinte años después, no puede vivir sin café? Los gustos se adquieren, se desarrollan. A veces hace falta cambiar la mentalidad y, en lugar de pensar "esto no me gusta", tratar de encontrar las cosas que sí nos gustan de "esto". No me gusta el café, pero aprendí a adorar su aroma, por ejemplo.

Encontrarle pasión a eso que no nos gusta no es fácil: requiere paciencia, prueba y error, y una visión optimista de la situación. Una herramienta muy útil es volver a ser niños: pensar en las tareas como un juego o tal vez una competencia. Algunas empresas entendieron este concepto y lo aplican en algo que se llama *gamification*. Pero creo que los juegos son personales y es difícil que todos elijamos el mismo.

Si te sientes perdido/a en tu día a día, incapaz de encontrar algo apasionante en tu trabajo, ten en cuenta que todo lo que se hace con actitud positiva mejora. El mercado de pescado Pike Place en Seattle, Estados Unidos, es un caso de estudio. ¿Quién puede vender pescado y hacerlo de forma divertida? Sus trabajadores, que cantan, lanzan la mercadería con habilidad, se hacen bromas y alegran su día y el de los clientes.

Otra herramienta que me ha servido para apasionarme por aquello que no me gusta es la división: cualquier cosa que hagamos puede ser partida en piezas y procesos más pequeños. Algunos serán repetitivos, otros creativos y otros pueden parecer repetitivos pero ser creativos. Imagínate trabajando en atención telefónica y experimentando cuáles son las palabras ideales para decir al atender el teléfono a lo largo del día o qué frase genera qué impacto en quien llama. Sí, puede ser que el sector "Atención de reclamos" sea pesado, pero encontrar las perlas, las pequeñas cosas que nos hacen bien, es clave.

La pasión va a aparecer por algo en lo que eres muy bueno/a. Hay que encontrar eso.

¿Por qué es importante hacer el máximo esfuerzo para ponerle pasión a una tarea? Porque si no lo hacemos no vamos a aprender, no sabremos si realmente podría habernos encantado y, por ende, podremos cometer el mismo error nuevamente.

Imaginemos un mundo en donde la automatización permite que todos tengamos hogar y comida sin esfuerzo, entonces hacemos básicamente lo que nos apasiona. Para algunos será trabajar en algo que genere más ingresos, para otros hacer solo lo que les dé placer. Seremos todos felices, tal vez. Pero no estamos en ese mundo aún. Si hoy todos seguimos únicamente lo que creemos que es nuestra pasión, vamos a equivocarnos bastante (nos bajaremos del velero), vamos a aprender mucho y también vamos a chocar entre nosotros porque nos veremos influidos por modas.

*La pasión se construye. No te sientes a esperar.*

## ENTENDER QUÉ HAY DETRÁS

–Los millennials no nos duran ni un año y ganan muy bien. Terminan los tres meses de inducción y, al poco tiempo, se van.

–¿Y si les damos más beneficios?

–Salario no podemos, se van de la matriz. Ya están en el nivel AD50.

Sí, ya lo sé: las empresas, cuanto más grandes, más palabras propias inventan. La "matriz" es un cuadro que detalla los sueldos posibles para cada nivel jerárquico. Y AD50 podría ser uno de esos niveles.

–Muchas empresas que retienen millennials les dan fruta, ¿probamos con mandarinas?

Seis meses después, las mismas dos personas de Recursos Humanos retoman el tema. Siguen sin preguntarse por qué.

–¿Cómo está el indicador de Millennial Retention?

–Mucho peor. Creo que hay que ser más agresivos.

–Coincido. ¿Frambuesas o arándanos?

La semana siguiente tomaron la decisión: "Las frambuesas son más habituales, si de verdad queremos diferenciarnos, arándanos es el camino".

Una de las bandejas fue a parar a ese mueble que está al lado de la puerta de Sistemas. Todos los jóvenes se reunían por algún motivo ahí, así que tenía sentido. Si se hubieran acercado, podrían haber escuchado el diálogo que se repetía:

–Y, ¿le encontraste la vuelta a tu jefe?

–Pensé que sí, pero no. Creyó que iba a tardar dos días en hacer un Excel, lo hice en una hora y le avisé. Me dijo algo así como "no puede ser". Volví a la computadora y pasé en las redes sociales un día y 6 horas. El lunes tuvimos una "charla" por ese tema. Ya no miro las redes en la compu, ahora solo lo hago en el celu.

–A mí me pasa algo parecido. Y solo hay wifi al lado de Sistemas.

Seguramente estos dos millennials soñaron en ese momento con ser jefes. Buenos jefes o, al menos, diferentes. Pero

*Si quieren algo y les dan otra cosa, puedes tener consecuencias indeseadas.*

no se daban cuenta de lo difícil que es como jefe aceptar que tus reportes saben más. "El que sabe sabe, y el que no es jefe" cobra otro sentido.

Como dijo el físico Stephen Hawking: "El mayor enemigo del conocimiento no es la ignorancia, sino la ilusión de conocimiento". Recursos Humanos debería ser el primer sector en entender que todos los humanos somos distintos.

## LA PREGUNTA CLAVE

¿Qué tienen en común la persona de Recursos Humanos que trata de elegir entre arándanos y frambuesas, y el periodista, director de Noticias, que dice querer entrevistar, redactar e informar pero se llena la agenda de burocracia? Ninguno de los dos se ha hecho suficientes veces la pregunta "¿por qué?".

A veces trato de imaginarme de niño con un capricho, y algún adulto preguntándome: "¿Por qué quieres ese helado?". Seguramente habré llorado más fuerte ante una pregunta tan difícil de responder. Es curioso, porque tiempo después, como casi todos los niños, entraría en la edad del "por qué", ese momento en el que agotamos con las preguntas.

*No deberíamos salir nunca de la edad del "por qué". Pero tendríamos que hacernos esa pregunta hacia adentro.*

Esa misma pregunta que hubiera sido absurda en el caso del helado y con la que cansamos a nuestros padres luego, es la más importante para entender cómo elegimos ser, cada día, más felices.

Nuestras decisiones no son aleatorias: todas están subordinadas a un conjunto de ideas. Se podría visualizar como un ranking de qué cosas son importantes para nosotros.

A veces no entendemos a ese científico que se pasa la vida estudiando y enseñando. "Sabiduría" y "contribución" podrían ser sus valores. Tal vez alguien que estudió lo mismo dedicó más tiempo a publicar sus conocimientos con el objetivo de ganar un premio o reputación. "Logro" o "ambición" están detrás de esa conducta. O quizás no estudió y se dedicó de lleno a armar un hogar y a criar niños. "Familia" es otro valor.

Pero también las decisiones más pequeñas se basan en valores. ¿Prefieres un piso alto o uno más bajo? ¿Una playa colmada de gente para vacacionar o una montaña donde estés solo/a? ¿Un aumento de sueldo, un ascenso o más tiempo de vacaciones para ir a esa playa o esa montaña? "Libertad", "seguridad", "sociabilidad", "introspección", "dinero", "poder" y "placer" son todos ejemplos de valores.

Hasta hace unos años juzgaba mucho a los demás. Veía como un padre trataba a su hijo y les ponía una etiqueta a ambos, "complaciente" y "caprichoso". Escuchaba un comentario en el trabajo y hacía lo mismo. Lograba así también ser juzgado constantemente.

Con el tiempo entendí que todas las decisiones que toman los demás también están definidas por sus valores, por lo que se puede hacer una ingeniería reversa: si ese padre consiente todo el tiempo a su hijo, tal vez considera más importante el "placer" que la "disciplina". Puedo tener una opinión diferente, pero no por eso uno está en lo correcto y el otro equivocado.

*Todos tenemos los mismos valores, pero en distinto orden.*

Lo curioso de los valores es que, en cierta medida, todos compartimos todos los valores. No hay quien no quiera un mínimo de libertad, o de sabiduría, o de placer. La diferencia, y lo que nos hace únicos, es ese ranking; es el orden en el que los ponemos. Los valores entran todo el tiempo en conflicto entre sí y se manifiestan cada vez que tomamos una decisión, seamos conscientes o no.

No describas tus valores, sé tus valores. Las acciones de una persona sirven para entender qué valores hay detrás.

## LOS VALORES EN LA EMPRESA

Lo mismo pasa en el trabajo: si mi jefe asciende a un colega en lugar de a mí no tiene un problema porque tomó la decisión incorrecta. Yo tengo un problema porque no entendí los valores involucrados en esa decisión. Un ejemplo se da en las empresas familiares, en donde los empleados que no son parte de la familia suelen quedar relegados a pesar de, muchas veces, tener mejor formación o aptitudes que un yerno o sobrina. Pueden enojarse o entender que, en muchas empresas, el valor "confianza" es clave. Conozco un caso en donde la empresa no puede seguir creciendo porque ya no tiene gerentes para nuevas tiendas... ¡hasta que su hijo se case!

Al igual que los individuos, cualquier grupo tiene su conjunto de valores. Pero esto no debe

*Los valores de una empresa están representados por sus acciones, no por sus declaraciones.*

confundirse con la lista que muchas empresas cuelgan de la pared en la oficina. Así, para una empresa el "largo plazo" es mucho más importante que para otra, para la que la "participación de mercado" es fundamental. Todas dirán que la "orientación al cliente" es uno de sus valores, pero solo lo sabremos cuando atravesemos ciertas situaciones de conflicto, tales como:

- La empresa descubre una falla en un producto que vende desde hace un año. Avisar a sus clientes y repararlo es lo que haría si "largo plazo" y "orientación al cliente" son más importantes que "participación de mercado" o "crecimiento". Si lo oculta y espera, o simplemente pospone la decisión, no está priorizando a sus clientes sino sus resultados.

- Hay dos proveedores posibles para un insumo: el socio estratégico, con el que trabaja hace décadas, o un importador desconocido que ofrece un 10 % de descuento. Si elige comprar más barato y pasar ese ahorro de alguna manera al cliente, puede ser que sea por "orientación al cliente" o "participación de mercado". Si elige quedarse con su proveedor habitual, está enfocado en "largo plazo".

Es importante entender que cada empresa y cada grupo dentro de una empresa pueden tener su propio conjunto de valores. Y, por eso, es importante entenderlos en varios niveles. Una vez que conocemos nuestros valores y los de las personas con quienes trabajamos, podemos anticipar los conflictos y, eventualmente, tener decisiones tomadas para esas situaciones. En algunos países diríamos: "Saber cuándo nos tenemos que comer el sapo".

# PRIORIZAR Y ACTUAR

No siempre se nace con "pasión". Lo que denominamos la pasión se busca, se construye. De hecho, la búsqueda misma es apasionante. Y muy útil para entender qué cosas nos gustan o nos hacen bien y cuáles no.

Preguntándonos "por qué" varias veces podemos entender nuestros valores, de acuerdo con la definición que encontramos en el diccionario: 'realidad o concepto de los que forman el conjunto de las cosas que determinan el comportamiento de una persona, o de la sociedad, según el grado de importancia que se les confiere'.

**Todos tenemos valores, pero difiere el grado de importancia en cada uno, que es el que nos lleva a tomar decisiones, a disfrutar, a sufrir en una tarea o en una empresa.**

Podríamos resumir este capítulo con la idea de que, detrás de toda decisión, sea de una empresa o persona, hay un conjunto de valores e intereses que la determinan. O, aún mejor, si lo damos vuelta: nuestros valores y lo que nos apasiona deberían definir todas nuestras decisiones.

*Siempre habrá conflictos entre los valores de dos personas o de una persona y una organización. Cuanto mejor los preveamos, menos conflicto habrá.*

# TRABAJO PARA MÍ

## 1

Busca alguna actividad que no te guste pero debas
hacer. Piensa en la escena de la película *Mary
Poppins*, en la que convence a los niños de ordenar
cantando. ¿Qué puedes hacer para que esa tarea
sea divertida y para ponerle pasión? A mí me sirve
partirla en pedacitos, comenzar con tareas más
pequeñas, digeribles, que puedan ser logradas en
menos tiempo. Entonces es como un juego en el que
pienso: "¿cuántas puedo lograr hoy?".

## 2

Ahora busca dos tareas diferentes que te gusten
mucho. Pregúntate "por qué" varias veces, hasta
encontrar los "valores" involucrados. Encuentra
entre dos y cuatro conceptos que sean realmente
importantes para ti.

## 3

De las dos actividades que te gustan, elige cuál
prefieres y por qué, explicándolo en cuanto a los
valores. Por ejemplo: "Me gusta más X porque implica
desarrollar más el valor A, que es más importante
que el B".

## 4

Busca una tarea que te moleste, puede ser laboral o de cualquier ámbito, por ejemplo: "viajar al trabajo", "hacer la cama", "atender al público". Te molesta porque va en contra de alguno de tus valores, aunque no es fácil descubrirlos. Para las tres anteriores podría ser "no perder el tiempo". Encuentra los valores por los que te molesta la actividad que elegiste.

## 5

Arma una planilla a mano, en la computadora o en una pizarra, con los valores en las filas. Coloca los positivos y negativos de los puntos anteriores, y completa con algunos de los siguientes: ambición, amor, belleza, calidad, compromiso, crecimiento, diversión, entusiasmo, fama, familia, libertad, optimismo, orden, reputación, sabiduría, salud, verdad. Puedes agregar los que creas necesarios.

## 6

Pasa por tu "Grilla de valores" una idea que desees cuestionar, entendiendo qué valores fortalece y cuáles excluye. Naturalmente (y ahora conscientemente también) evitarás lastimar tus valores más altos y tratarás de fortalecerlos.

## 7

Puedes hacer el mismo ejercicio para conocer mejor a otra persona, equipo o empresa, elegir mejor y lidiar con las diferencias desde un punto de vista más profundo.

# BIEN GRÁFICO

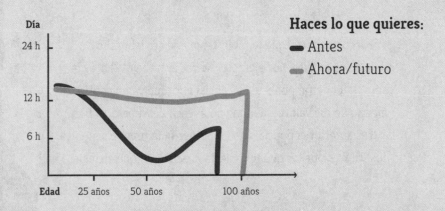

Muchas veces pregunto: "¿Qué te gustaba hacer cuando eras un niño?, porque en esa época en general te sentías menos atado, más libre para elegir en qué ocupar tu tiempo". A medida que crecemos nos "atamos", comprometemos más horas de nuestro día sin darnos cuenta de que sigue siendo una elección. En el futuro, incluso después de leer este libro, entenderemos que podemos seguir eligiendo como cuando éramos niños. Por ejemplo, esas tres horas por día que pasas en el auto, un mes por año, son el precio que pagas por vivir en donde vives y trabajar en donde trabajas.

# EL DATO

## ¿Qué es más importante?

3293 respuestas

■ **51,6 %**

Amar lo que haces (ponerle pasión a tu día a día,
sea lo que sea que hagas)

■ **48,8 %**

Hacer lo que amas (cambiar tu día a día
hasta hacer lo que amas)

¿Qué es primero, elegir hacer lo que te gusta o que te guste hacer lo que haces? Seguramente en cada momento de nuestra vida estamos en situaciones diferentes, pero siempre podemos elegir. Tomar conciencia de ello nos da felicidad.

# CAPÍTULO 4
# Caña de pescar o mediomundo

T odos uniformes. Las instituciones de los siglos XIX y XX nos moldeaban en masa. La educación nos hacía saber lo mismo, nos entrenaban para ser parecidos, las modas nos vestían igual, la publicidad nos hacía querer consumir los mismos objetos. Eso era lo que la sociedad necesitaba.

Muchos, a partir de los 30 o 40 años, nos "rebelamos", con ese grito de guerra, "¡Ya no quiero ser abogado/a!" (o contador/a, o ingeniero/a, o similar), y comenzamos a elegir más y más, y a seguir los mandatos menos y menos.

Mientras la sociedad y la cultura nos empujan a ser homogéneos, solo quien es diferente puede ser el o la mejor. Hoy, está claro que es un juego de diferenciación.

# BUSCA TU NICHO

−¡Tienes que ser la mejor en lo que haces!

−¿Cómo voy a ser la mejor médica del mundo? ¡Somos millones!

Clara me había pedido ayuda. Había terminado su carrera de Medicina y debía elegir la especialización. Su profesión es, seguramente, una de las que tienen esto más claro, así que no me fue tan difícil explicárselo.

−Es simple. Al elegir una especialización, sea cual fuere, ya reduces la competencia. Los nefrólogos no son millones. Estudias, practicas, atiendes pacientes, de tal manera de ser cada día mejor. Luego, eliges qué hacer con lo que sabes, con lo que puedes dar. Tal vez quieres tener un consultorio particular. Bien, elige entonces un grupo de pacientes potenciales, como niños o ancianos. Ahora ya no son decenas de miles sino cientos de competidores. Pero puedes seguir "nicheando", buscando tu nicho. En otras palabras, reduciendo el mercado hasta que seas claramente la líder indiscutida, la mejor.

−¿Cómo sigo?

Clara ya transmitía otro estado de ánimo y el entusiasmo comenzaba a aparecer en sus ojos.

−La geografía puede ayudar: elige una ciudad y sé la mejor nefróloga de ancianos con consultorio privado en esa ciudad.

−¿Y si ya hay otro?

−Fácil. O eres mejor que él o vuelves a "nichear".

−¿Otra vez? ¿Cómo?

–Tal vez puedes elegir un estilo: ¿puedes ser la más empática? O la tecnología puede ayudar: ¿puedes diagnosticar remotamente? ¿Podrías tener una máquina en particular de diagnóstico?

–¡Pero si sigo nicheando me voy a quedar sin clientes!

–Muy bien, diste en la tecla. Buscas un nicho hasta llegar al mercado atractivo más pequeño posible. Si no hay clientes, hay que agrandarlo. Y una vez que lo tienes definido, que no puedes hacerlo más pequeño, ahí sí, debes ser mejor que los demás en algo. Tus pacientes deben elegirte por algún motivo concreto.

–¿Por qué no enseñarán esto en la Facultad de Medicina?

Le conté este diálogo a Virginia, unas semanas después. Estaba convencido de que entendería enseguida el mensaje. Ella trabajaba como abogada en un bufete muy grande.

–¿Cómo lo aplico yo? –me preguntó.

–Tienes que pensar en qué puedes diferenciarte de los demás abogados: ¿qué puedes hacer mejor que ellos? ¿Sabes más? ¿Eres más rápida? ¿Sabes mucho de un área específica como, por ejemplo, Derecho Laboral? ¿Eres muy buena estratega en las negociaciones o en las mediaciones? Es una mezcla de cómo te ven actualmente los demás, si te sientes cómoda con eso y si puedes seguir profundizándolo. Si eres igual a los demás, el trabajo y el dinero se dividirán, probablemente, en partes iguales entre ustedes. Si eres mejor en algo, naturalmente –aunque tal vez demore– esos proyectos que te necesitan irán hacia ti. Los pacientes difíciles acuden al médico más empático. Los proyectos urgentes necesitan del profesional más rápido.

*Hay que "nichear" al máximo. El límite es el mercado.*

En otras palabras, si hacemos lo mismo que los demás, nuestro resultado será promedio o, dicho de una manera más dura, mediocre. Siempre hay algo en lo que puedes ser el/la mejor cuando combinas tarea, geografía, estilo y tantas otras variables. Entonces, ¿qué prefieres ser: cola de león o cabeza de ratón?

## HASTA QUIEN PARECE DESENFOCADO COMENZÓ CON FOCO

La conversación anterior también la tuve con varios emprendedores, que soñaban con ser los más grandes del mundo. A ellos siempre les conté la historia de Amazon (la empresa de comercio electrónico al por menor más importante del mundo) o, al menos, una parte que muchos olvidan.

Corría el año 1994 cuando Jeff Bezos creó la compañía. En aquel momento, internet estaba comenzando a expandirse, las conexiones solían ser por teléfono (por lo que podíamos hablar o estar conectados a la red, nunca ambas) y eran caras. Se cobraba por minuto de conexión. De más está decir que, aunque existían los teléfonos celulares, recién se habían lanzado modelos comerciales, que no podían entrar ni en el bolsillo más grande de un pantalón gigante. Eran enormes e incómodos.

Bezos eligió la ciudad de Seattle para la sede de Amazon por un motivo muy particular. Era en donde se encontraba uno de los mayores distribuidores de libros de Estados Unidos. Los emprendedores me preguntan siempre lo mismo: "¿Libros en papel?". Sí, claro.

Amazon, que en 2019 es la compañía más grande del mundo, comenzó en 1994 vendiendo solamente libros en papel y CD, esos discos de plástico que, por unos 20 dólares, nos proveían de trece canciones de nuestro artista o banda favoritos. La exitosa empresa que hoy es un conglomerado de servicios, venta minorista, estudio de cine y muchas otras cosas, comenzó con un foco absoluto: ser el mayor vendedor de estas dos categorías muy concretas. Seguramente, Bezos no imaginaba que una desaparecería completamente y la otra se reinventaría gracias a Amazon. O tal vez sí.

La idea de "nichear" es similar al concepto de foco. Hacer foco no es decir que sí a algo, es decir que no a otras cosas. El "no voy a dedicarme a vender electrónica" con el que empezó Amazon fue clave para su éxito. Una vez que fue el mejor vendedor de libros y CD, avanzó en otras categorías. Hoy, Amazon sigue con foco, ahora en el servicio al cliente y el largo plazo, ambos valores muy relacionados.

*Foco no es decir que sí a algo. Es decir que no a todo lo demás.*

## MUCHAS FORMAS
## DE ENFOCAR

Recuerdo una conversación con Ramón, un vendedor que no estaba logrando sus resultados. Tenía grandes ojeras en su rostro y transmitía una sensación de tristeza y desazón.

–No aguanto más. Camino toda la ciudad para vender, voy hacia donde me dicen que puede haber clientes y muchos ni me atienden. Converso con algunos, pero nadie me compra –me decía con desesperación.

–Entiendo, debe ser muy frustrante. ¿Eres buen vendedor?

–¡Eso es lo peor! ¡Estoy convencido de que soy excelente, pero no lo puedo demostrar con resultados!

–¿Si te pidiera que le vendieras el producto a una persona concreta, podrías hacerlo?

–Sí, con suficiente tiempo puedo venderle a cualquiera. Pero no tengo tiempo.

–¿Y si en vez de "vendedor de la ciudad", tu posición fuera "gerente de ventas de ese edificio alto", piensas que te iría mejor?

–No entiendo, ¿dedicarme solamente a ese edificio?

–Claro, eliminar el tiempo que pasas recorriendo la ciudad, gracias a la escalera o el elevador, para destinar ese tiempo a potenciales clientes. Recorrer cada piso de ese edificio con un foco absurdo, como si tu vida dependiera de ello. Convertirte en el mejor vendedor de ese edificio. ¿Es algo que podrías hacer?

–No, la gente de Seguridad no me dejaría.

–Si eres tan buen vendedor, ¿con tiempo no podrías convencerlos de que les conviene dejarte pasar o encontrar alguna manera para hacerlo?

–Sí, la verdad que sí.

–Es cuestión de empezar. Sé el mejor vendedor de este edificio y luego amplías el nicho. Puedes elegir el edificio de al lado o el de enfrente.

Como en este ejemplo, el foco es cuestión de priorizar. Creemos que, cuando nos dicen "debes ganar el campeonato", tenemos que salir corriendo para todos lados para hacerlo. Pero, muchas veces, gana quien se enfoca en algo concreto con

*"No tengo tiempo" es una señal de falta de foco.*

tanta intensidad que lo conquista más rápido que otros. Y esto le permite expandirse, paso a paso. No hace falta ser profesional para lograrlo, solamente tener disciplina.

## ENFOCAR HASTA CUANDO NO SE PUEDE ENFOCAR

–Yo no soy médica ni abogada ni siquiera vendedora. Mi trabajo es administrativo, estoy destinada a quedarme aquí, haciendo lo mismo toda la vida.

–No, Susana. Eso es una elección. Puedes quedarte toda la vida aquí. Tal vez la empresa continúe, tal vez siga necesitándote. Pero también puedes elegir ser la mejor y progresar cada día.

–No, mi trabajo es aburrido, monótono. Es imposible mejorar.

Me gustan los desafíos, sobre todo cuando el resultado puede ser ayudar a Susana a tomar una perspectiva diferente. Entonces, le conté una anécdota personal:

–Pero, ¡si no sé nada de logística, como voy a ser gerente de eso!

–No importa, Leo. Vas a aprender.

Durante meses recordaba la sensación de confianza que me había transmitido mi nuevo jefe. Yo estaba en esa edad en donde nos empezamos a dar cuenta de que no somos omnipotentes y estuve a punto de no aceptar el empleo.

Mis primeras semanas fueron de aprendizaje. Conversé con todo el equipo, hice el trabajo de cada uno y tomé nota de todo. "Ideas Mente Fresca" se llama el archivo que aún conservo. Por suerte no compartí cada idea que tenía porque me hubieran odiado.

Al tiempo, en las reuniones semanales, dedicábamos el 20 % del tiempo a analizar los resultados del periodo anterior y el resto era casi una competencia. Habíamos dividido cada proceso en sus partes más pequeñas y nos estábamos enfocando en el proceso de preparación de pedidos, tomar varios productos, ponerlos en una caja y cerrarla. Suena supersimple, pero era una enorme oportunidad: lo hacíamos miles de veces al día.

Una vez dividida la tarea, casi como científicos en un laboratorio, decidimos enfocarnos en algo que no habíamos notado tan claramente: el 70 % del tiempo del personal se nos pasaba caminando, yendo de una punta a la otra del depósito.

Fue mágico lo que pasó a partir de ese momento y muy divertido. Comenzamos a inventar formas de reducir ese tiempo, cambiando en dónde poníamos cada producto, cambiando el equipamiento, hasta analizando la ropa de la gente.

—¡Lo tengo! Ya sé cómo reducir mucho más el tiempo caminando —dijo una de las supervisoras en la reunión de esa mañana.

Con una sensación de incredulidad todos giramos para escucharla.

—¿Qué pasa si en vez de ir a los productos, los productos van hacia la persona?

Una de las reglas que teníamos era que estaba prohibido decir que "no" a una idea, que teníamos que abrazarla y

Si como niños podíamos jugar a cualquier cosa, ¿por qué dejar de hacerlo como adultos en el trabajo?

analizarla a fondo. Y así lo hicimos, divirtiéndonos, diciendo algunas cosas ridículas (como "que se teletransporten como Bart Simpson y la mosca") y otras brillantes, que luego implementamos. ¿Quién dijo cada idea? No lo sé, éramos un equipo con un objetivo y lo disfrutábamos así.

Susana me miró con cara de incrédula.

–Convirtieron su trabajo en un juego, compitiendo contra ustedes mismos.

–Claro que sí. Es una cuestión de actitud. Siempre podemos decidir cómo tomarnos nuestro trabajo, nuestras tareas. Mi propuesta es que elijas ser la mejor y que, para ello, reduzcas tu foco. Y, después, entabla una competencia contra la Susana de ayer. ¿Quién ganará?

–Si logro tomármelo como un juego, pasaría ocho horas por día divirtiéndome y me pagarían por eso. Es como el tenista o futbolista profesional, les pagan por jugar. Claramente se lo toman como trabajo, pero al mismo tiempo juegan. ¡Es maravilloso!

No sé exactamente en qué momento me di cuenta de que el principal secreto de la felicidad en el trabajo está dentro de nosotros, pero desde entonces me ha dado resultado: si estamos en la situación de víctimas y esperamos que otro cambie, seguramente no sucederá. Pero si decidimos disfrutar hasta lo "indisfrutable", elegir la energía y actitud con la que enfrentamos cada día, seremos protagonistas de nuestra felicidad.

*Elige algo que te guste o gusta de lo que elijas, da igual.*

# TU MARCA EN DIAGRAMAS DE VENN

En el momento en el que elegí dedicarme a dar conferencias, hice mi estudio de mercado y me encontré con muchos potenciales competidores que tocaban temas variados. Para diferenciarme tenía que ser el mejor. Y para ser el mejor, debía enfocarme.

Traté de entender qué me hace diferente, factores que, en sí mismos no me hacen único, pero en su combinación sí: soy economista, emprendedor, con carrera corporativa, e hice stand up comedy. Periódicamente me imagino un diagrama de Venn (sí, los de la escuela) con cada una de esas características y, en el centro, en la intersección, me veo a mí mismo. Mis estimaciones dicen que soy el único, por lo tanto, el mejor.

A medida que escribir fue convirtiéndose en la parte más importante de mi día a día, fui también ganando en foco. Traté de escribir diferente, integrando historias con aprendizajes, transparentando errores, siendo todo lo fiel a mí mismo que podía.

Ya sabiendo qué me hacía diferente, en lugar de tratar de corregirlo como hacemos de adolescentes, lo hice más relevante. Entonces lo mejoré, lo anuncié y lo repetí como acción de marketing.

Muchas veces me preguntan por qué incorporé el concepto de "Disrupting Management" en mis redes sociales o el motivo por el cual hago gráficos o corro tantos riesgos. La "marca personal" es lo que la gente dice de ti cuando no estás en la sala. Esta es una frase de Jeff

*Mostrar lo que nos hace únicos reduce el mercado, pero aumenta el atractivo.*

Bezos, el fundador de Amazon. Y lo que hago es tomar todo el control que puedo de ello.

Por un lado, reduzco el impacto de críticas, trolls y demás, compartiendo contenido positivo, que también me ayuda a vender mis servicios. Por el otro, a través del valor que ofrezco sin cobrarlo (ideas, cursos, aportes, etc.), construyo mi marca personal y desarrollo en la cabeza de mi público los adjetivos que usarán cuando hablen de mí. Suena maquiavélico, pero es algo, para mí, muy importante. Y creo que ambas partes nos sentimos beneficiadas. Esto es lo que se conoce como ganar-ganar.

*Van a hablar de ti, es un hecho. Puedes elegir darles el contenido o que lo busquen ellos.*

## CORTO PLAZO Y FOCO

Estábamos superenfocados: vendíamos productos de oficina a pequeñas y medianas empresas de la Ciudad de Buenos Aires, con un muy buen surtido, un servicio excelente y buenos precios. Los clientes estaban contentos. El boca a boca nos hacía crecer firme pero lentamente. No era suficiente.

Nuestros accionistas querían más, nos habían puesto un objetivo de ventas muy ambicioso. Habían visto que el negocio funcionaba, que nosotros éramos capaces, y pensaron que solo faltaba un poco más de acción.

Al principio pensamos: "Si con 10 vendedores conseguimos 50 clientes en un mes, contratemos 100 vendedores y tendremos 500 clientes". Buen razonamiento, si realmente la gente que incorporas es igual a la que ya contrataste, tanto en capacidad como en formación. Y, además, si los clientes fueran todos iguales.

Los 100 vendedores no trajeron más del 20 % de lo que esperábamos. Estábamos muy preocupados, y ellos también. Sus salarios eran bajos debido a sus malos resultados.

No sé quién fue el primero, pero alguien comenzó a flexibilizar las reglas. "Este producto es muy costoso, ¿puedo dar un descuento?", al primer "sí", todos los demás vendedores se enteraron y, de repente, los productos "costosos" eran cientos. Y por cada uno, había un descuento. Pocos días después entraríamos en una guerra de precios.

Otros vendedores decidieron buscar suerte entre clientes diferentes: empresas grandes y licitaciones del Estado. Cuando ganamos un par de estas licitaciones, nuestros competidores reaccionaron. "Si compiten en nuestro negocio más rentable, nosotros competiremos en el más rentable de ellos", dijeron.

Habíamos perdido el foco. Crecimos un poco en volumen pero, de repente, teníamos que "defender" clientes que nos valoraban mucho bajando nuestros precios. Hasta a los primeros vendedores, los que estaban mejor capacitados y con más experiencia, se les escapaban de las manos.

Después de años de construir un negocio, la búsqueda de resultados de corto plazo bajó nuestro nivel de servicio, nuestra rentabilidad y la percepción de los clientes. Nos llevó muchos más años retomar la senda de largo plazo que hacer el experimento de crecer rápidamente.

*Si vamos a vivir más de cien años, tenemos tiempo para lograr lo que queremos. Calmemos nuestra ansiedad.*

# VENTAJAS Y RIESGOS DEL FOCO

¿Se puede enfocar de más? El riesgo principal de especializarse es quedarse sin mercado, como le puede pasar a un abogado o médico. Sin embargo, el mercado podría desaparecer solamente si la persona cometió un error terrible de cálculo. Si no desaparece, simplemente puede subir sus precios. Al fin y al cabo es el mejor del mundo y, al tener menos clientes, tendrá más tiempo libre.

El segundo riesgo de especializarse, y al que hay que estar más atento, es la obsolescencia: el mejor técnico de reproductores de CD del mundo hoy, seguramente, hace otra cosa. Lo importante es entender que, si realmente eres el/la mejor, tienes que mantenerte actualizado/a. Tienes que saber qué es lo que va a pasar en tu rubro antes de que pase y formarte para ello.

*Si te enfocas, es más fácil ver el futuro y prepararte para lo que viene.*

Recuerdo a un conocido que reparaba impresoras y me dijo: "Quiero ser el mejor".

Y le contesté: "Antes que nada, felicitaciones por la decisión, es un gran paso. Pero no puedes ser el mejor hoy, solamente lo puedes lograr en un tiempo. Y para ello, debes pensar cómo será el mercado (el de la impresión, en tu caso) en un par de años y formarte para ese momento, no para lo que hoy hace falta".

Para pensar el futuro, primero miro los cambios recientes que me llaman la atención. Entonces analizo qué cosas diferentes están pasando. A veces puede ser un cambio tecnológico, pero también hay muchos culturales, como el creciente foco en el medio ambiente que tienen las nuevas generaciones.

Una vez listados estos cambios viene la parte divertida: imaginar (soñar, podría decir alguien) qué es lo que pasará en el futuro si estos cambios muestran una tendencia. La desaparición de los CD a favor de los reproductores MP3, extrapolada al futuro, podría haber predicho plataformas como Spotify, Youtube Music o Apple Music. Sobre la base de esa visión de futuro podemos prepararnos; podemos ser los mejores.

# FOCO EN CASA: HOBBY

Terminando esa charla con Susana, me comentó que tenía que irse a su casa a preparar un pastel para un cumpleaños. Le pregunté si era de un pariente. "No, es para un clien-te. Vendo pasteles por las redes sociales", me explicó.

–¡Qué interesante! Y, ¿son buenos tus pasteles?

–¿Quién soy yo para decirlo? La verdad, casi todos mis clientes vienen recomendados por otros, así que parece que sí. ¡Pero no lo digo yo!

–Excelente. Imagínate ahora que en un mes te despiden de tu trabajo. No sabemos por qué, tal vez la empresa cierra, o cambian algún proceso en el que estás involucrada. Pero hoy sabes que en 30 días no tendrás más salario. ¿Qué harías con tu hobby para estar más segura de que puede convertirse en tu negocio?

–Tomaría buenas fotos para publicar en las redes sociales y usaría cupones de descuento para que mis clientes me

*Periódicamente, piensa qué harías si no tuvieras el trabajo que hoy tienes.*

recomienden. Seguramente podría pensar en algunas opciones más.

—¿Y con eso venderías más, ganarías más y sería menos doloroso perder tu trabajo?

—Sí.

—Hazlo ahora.

*¿Si te pagan por hacer lo que te gusta, puede realmente considerarse trabajo?*

Para Susana eran los pasteles, pero recuerdo a Lucas cuando me contaba, angustiado, la situación de su padre. Después de 20 años trabajando en el Estado, había perdido su empleo en un despido masivo. Por eso, hoy se dedica a fabricar parrillas para hacer asados (sí, es argentino) y vende dos o tres por semana. No da abasto.

—Mi papá no tiene trabajo y quiero ayudarlo como sea —me dijo Lucas.

—No entiendo. ¿No está ganando más que antes, haciendo algo que le encanta y con mucho éxito?

—Sí, ¡pero no tiene empleo! ¡Es superangustiante!

—Me da la sensación —le dije— de que la angustia es tuya, porque tu padre es feliz haciendo lo que le gusta y ganando dinero por ello.

Es importante, tanto por nuestra salud mental como financiera, tener diferentes alternativas. Podemos llamarlos pasatiempos que aprendemos y mejoramos, hasta que evaluemos si, un día, podemos ganar dinero con ellos. Hobby de hoy, trabajo de mañana.

# EXPLOTAR LA DIFERENCIA

La adolescencia es el ejemplo más claro de cómo somos educados, todavía, para ser todos parecidos. Pero la clave del éxito y la felicidad es ser más "uno mismo", gritarlo a los cuatro vientos, convertir nuestras tareas en un juego y cobrar por ello.

**Vamos a creer que no se puede, pero encontrar la forma es parte del juego.** Y, esporádicamente, debemos "tirar el mediomundo" para ver qué surge; pescar ideas, oportunidades, nuevos hobbies, para luego enfocarnos todo lo posible.

Todos somos únicos.
A veces,
no sabemos en qué.

# TRABAJO PARA MÍ

## 1

Reduce tu trabajo o actividad diaria a una lista de tareas, lo más simples posible. Marca las que agregan valor: dan servicio a un cliente interno o externo, o te preparan para hacerlo mejor. Todo lo demás es una distracción, el celular es la primera pero, por ejemplo, revisar tus correos electrónicos en un tiempo menor de 2 o 3 horas es totalmente improductivo.

## 2

Toma la tarea más repetida del día, enfócate en ella y trata de encontrar formas de mejorarla, de hacerla más rápida o con mejor calidad. Por ejemplo, hace unos años, parte de mi trabajo era hacer reportes financieros. Entonces dediqué mi "tiempo libre" a mejorar las fórmulas y automatizarlas.

## 3

Ahora piensa en tu trabajo dentro de 2 años. ¿Qué estarás haciendo? ¿Para quién? Es claro que no lo sabes con certeza, pero tu capacidad de pensarlo y proyectarlo es mucho mayor de lo que crees. Anota con detalle lo que supones en ese futuro.

# 4

Conoce y explota las diferencias: elige cinco personas
que conozcas y consideres exitosas en algún aspecto.
Haz una tabla colocando los nombres de cada una
en las columnas y dejando una en blanco al final.
En las filas, pon distintas cualidades: "Inteligencia",
"Disciplina", "Conocimiento de negocios", o lo que
creas que es importante, y califícalos de 1 a 10 a cada
uno de ellos en todas las cualidades.

# 5

Agrega tu nombre en la última columna y ponte tú
mismo/a "la calificación". Seguramente eres una
combinación diferente de los demás, parecida con
cada uno pero distinto/a en algo. Eres único/a.

# 6

Imagínate en 2 años siendo el mejor en la actividad
descripta en el punto 3. ¿Qué deberías hacer en los
próximos meses para lograrlo? ¿De cuáles de las
personas cercanas del punto 4 debes aprender?
Anota cada uno de los pasos. Hazlos.

# BIEN GRÁFICO

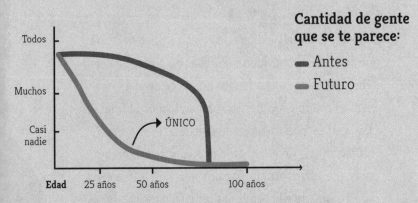

**Cantidad de gente que se te parece:**

━ Antes
━ Futuro

"No todos los bebés son iguales", me podrías decir. Pero son bastante parecidos. Me tomo la licencia de asumir que cuando nacemos, no nos diferenciamos en casi nada.

Antes, a medida que crecíamos, la educación, los medios y luego el trabajo nos "estandarizaban". Nos formaban de tal manera de ser las piezas ideales para el sistema de producción. Hasta que un día nos dábamos cuenta de que no éramos nosotros mismos, sino lo que pensábamos que debíamos ser.

Ahora, y cada vez más en el futuro, no solo nos sentiremos cómodos diferenciándonos del resto, sino que entenderemos que ser distintos es una ventaja. Por eso definiremos nuestra individualidad antes y la mantendremos por mucho tiempo más.

# EL DATO

## ¿Qué prefieres ser?

3421 respuestas

■ **62,8 %**

Cabeza de ratón

■ **37,2 %**

Cola de león

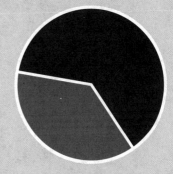

Con foco, cualquiera puede ser el mejor. Solo hace falta definir muy bien el ámbito de actuación. Así, el 63 % de los encuestados que prefieren ser "cabeza de ratón" puede lograrlo. Por su parte, ser "cola de león" habla también de la voluntad de ser parte de algo mayor, sin elegir sobre la base de aquello que nos hace diferentes.

# CAPÍTULO 5
# Esa frase que nos saca de quicio

¿**N**o puedes parar de pensar en el comentario desagradable que hizo tu jefe? ¿Te preguntas cómo existe una persona tan malvada en el mundo? ¿Estás emprendiendo y alguien que contrataste, o incluso tu socio/a, te dijo algo totalmente inesperado? Y ese/a compañero/a con quien pensabas que tenías una excelente relación, ¿cómo pudo haber dicho esa frase?

Tengo dos buenas noticias para ti: la primera es que no estás solo/a. A todos nos ha pasado, nos pasa y, seguramente, nos pasará. Sí, alguna frase típica de los entornos laborales nos dejará en shock, en algún momento. La segunda es que has llegado al capítulo adecuado: después de analizar muchos ejemplos de expresiones que nos sacan de quicio en el trabajo, aquí las he clasificado, las explico y trato de ofrecerte un punto de vista distinto.

Como si todo esto fuera poco, tengo otra buena noticia: si escuchaste alguna de estas frases deberías estar feliz, ya que muchas veces solo se insinúan o están implícitas en otros comentarios. Y esto hace más difícil desarticularlas.

Pero cuidado porque, en ocasiones, las expresiones que detestamos las pronunciamos nosotros mismos.

## "SIEMPRE LO HICIMOS ASÍ"

¿Te acaban de decir eso? ¡Entiendo tu ira y a mí me pasa lo mismo! Me imagino toda la escena, porque esa frase nunca viene sola. Unos segundos antes hiciste una sugerencia, algo que venías pensando desde hace tiempo que se podía mejorar. Quizás haya sido para resolver un tema grande o, tal vez, un tema menor. Pero no querías correr riesgos proponiendo un cambio porque, de alguna manera, veías venir la respuesta. Ni siquiera fue un "no entiendo", "no queremos" u otra contestación. Fue un simple "acá no cambiamos nada". Una sentencia de muerte lenta para cualquier organización.

*Del jefe al empleado: "Si no está roto, no lo arregles".*

- **Lo que deberías escuchar**: "Tenemos tanto miedo a cambiar que ni queremos hablar de ello".

- **Lo que podrías hacer:** decidir si quieres ayudarlos a cambiar, tenerles paciencia y probar con cambios más pequeños.

Incluso podrías correr el riesgo de modificar algo en silencio y compartir el resultado, si es exitoso. Si no quieres correr riesgos tú tampoco, agárrate fuerte de la silla hasta que la empresa quiebre o busca otro trabajo mientras tanto.

## "NO TE PAGO PARA QUE PIENSES"

En todos los casos en los que escuché esta frase, ¡ni siquiera la decía quien pagaba el sueldo! Por lo general era un jefe, empleado de los dueños o en una corporación, en un ataque de enojo, frente a una sugerencia que no le interesaba en ese momento.

- **Lo que deberías escuchar:** silencio absoluto o esos ruidos de fondo permanentes. Esta frase no merece ser escuchada.

- **Lo que podrías hacer:** si tu trabajo es un 100 % repetitivo, búscate otro dentro o fuera de la empresa, porque el avance tecnológico te reemplazará, ya sea por un robot o un software. Si, en cambio, tienes que tomar decisiones, analizar, empatizar, etc., sigue haciéndolo como si no hubieras escuchado nada.

*Del jefe a los empleados: "No hay que dejarlos pensar".*

# "SI NO TE GUSTA, ALLÍ ESTÁ LA PUERTA"

*Del jefe al empleado:*
*"Si estás disconforme, renuncia".*

"¡Entro y salgo todos los días por esa maldita puerta! Si necesitara un guía turístico en la oficina, le pediría una visita guiada a alguien más amable". Sí, ya sé: no le puedes responder eso a tu jefe. Pero, a veces, es difícil contenerse, ¿no? Esta frase no solo es una obviedad "geográfica", sino también metafórica: ya sabemos que podemos irnos cuando queramos, la esclavitud terminó hace tiempo.

- **Lo que deberías escuchar:** "He tomado esta decisión, que entiendo que puede no gustarte. Quisiéramos que continúes siendo parte de la empresa, pero me cuesta decirlo. De todas maneras, si crees que no puedes seguir por esa decisión, siéntete libre de irte".

- **Lo que podrías hacer:** pensar a fondo si lo que te están diciendo te gusta o no, antes de decidir cruzar "esa puerta". Mi consejo: viaja en el tiempo unos 10 años hacia el futuro y pregúntate con qué decisión estarás más orgulloso/a.

# "LA DECISIÓN VIENE DE ARRIBA"

¡Para qué tengo un jefe si siempre es otro el que decide! Para peor, este tipo de frases no vienen de a una (se completan con "no hay presupuesto para eso", "está a la firma" y muchas más), y se hacen una costumbre. Y hasta, a veces, en algunas sociedades, se acompañan con un símbolo: dos dedos golpeando el hombro opuesto, como diciendo "el general decide".

Las empresas, cuanto más delegan sus decisiones, más ágiles, dinámicas y cercanas al cliente son. Cuando concentran el poder de las decisiones cotidianas más arriba en el organigrama, se hacen daño a mediano plazo. Es una eterna lucha entre control y dinámica, en la que el primero venía ganando. Pero los tiempos están cambiando...

*Del jefe al empleado: "La superioridad decidió".*

- **Lo que deberías escuchar**: "Yo solo soy un mensajero" o "Lo que propones no me interesa demasiado".

- **Lo que podrías hacer**: mi recomendación es ayudar a la empresa a que tenga éxito. Esto nos hará sentir bien, nos nutrirá para el futuro y nos permitirá aprender más. Si le sumamos la posibilidad de que la ayuda sea exitosa y percibida por "la superioridad", para mí es clarísimo que esta es la mejor opción. ¿Cómo ayudarla? Siempre trabajé con la idea de que todo lo que no está prohibido está permitido. Entonces, cuando esa misma "superioridad" (qué fea palabra) define un objetivo, hago lo posible por lograrlo, sin esperar a que me lo pidan y tampoco pido permiso. "Es mejor pedir perdón que permiso" debería decir un cartel en todas las empresas que tengan más de 10 años de antigüedad.

# "LO VOY A HACER EN CUANTO PUEDA"

La primera vez entendiste que lo iba a hacer rápidamente pero, cuando tardó varios meses, imaginaste que había tenido una urgencia.

La segunda vez, ya con más precaución, lo agendaste para recordárselo unos meses después, pero no lo hizo nunca.

La tercera vez, le preguntaste: "¿Cuándo podrás ver este tema?". Y te respondió, obviamente: "Cuando pueda".

Si todos los intercambios fueron por mail, deberías agradecerlo, porque personalmente la situación hubiese sido mucho más tensa.

Pero no son solo los jefes quienes dicen esta frase, es habitual entre pares e incluso de un empleado hacia un jefe que lo deja pasar. Recuerdo una taza que le regalaron a un empleado con una inscripción: "Lo voy a hacer cuando pueda. No hace falta que me lo recuerden cada 6 meses".

- **Lo que deberías escuchar:** "No tengo ganas de comprometerme con una fecha para tener más libertad de acción".

- **Lo que podrías hacer:** en mi experiencia, muchas personas dejan tareas para más adelante con la idea de que en realidad no son necesarias. Y esto viene, lamentablemente, de que seguro tenían razón y les habían pedido algo innecesario. Lo primero que debes hacer es analizar si lo que estás pidiendo es el escalón para otra cosa posterior y si esta también es necesaria. Si realmente hay que hacerlo, una forma de

*Del jefe al empleado: "Lo resuelvo en breve".*

encararlo constructivamente esta: "Necesito saber la fecha en la que lo harás o, en su defecto, qué tiene que pasar para que lo puedas hacer, porque sobre esa base debo planificar el resto de mis tareas".

# "EL CEMENTERIO ESTÁ LLENO DE IMPRESCINDIBLES"

¡Sí, también de jefes como tú! Espero que no le hayas respondido eso, aunque ambos tengan razón. La primera vez que escuché esta frase me costó unos segundos digerirla. Me pregunté qué me estaban queriendo decir. Finalmente comprendí que me estaba comportando como si yo fuera imprescindible y el mensaje era una versión más elegante de "todos morimos y el mundo sigue girando". Mi primer impulso fue tratar de explicar por qué era imprescindible, solo para luego entender que la frase era indiscutible.

*Del jefe al empleado: "Esta compañía no va a dejar de funcionar si tú no estás".*

- **Lo que deberías escuchar:** la frase es verdadera. Tal vez podría ser un poco más suave, como "nadie es imprescindible" o "la empresa puede seguir adelante, con o sin tu presencia".

- **Lo que podrías hacer:** tener humildad, ante todo. Es verdad que no eres imprescindible y, si te han dicho esto, es porque alguien notó en ti alguna actitud soberbia.

# "¡PARA QUÉ PIDEN OPINIÓN SI HACEN LO QUE QUIEREN!"

¡Cuántas veces sentí esa frustración! Alguien se muestra muy interesado en cómo veo las cosas y me pregunta algo, me pide una opinión. Me siento genial, valorado. Pongo todo de mí para pensar el desafío, lo analizo y presento mis ideas de la mejor forma posible. Me agradecen efusivamente.

Meses después hicieron lo opuesto: no algo un poco diferente u opuesto en un aspecto, hicieron todo exactamente al revés de lo que les dije. Me dan ganas de irme y pienso: "El vaso se está llenando, en cualquier momento me voy a donde me valoren".

Claro, todavía no había analizado si esto podía ser una democracia. Ni había pensado que en una democracia puede suceder exactamente lo mismo. Vamos a profundizar este tema en los siguientes capítulos.

A no desesperar, hay mucho tiempo y muchas ideas por delante. Si nos enojamos tanto porque no aplicaron una de ellas, tal vez es porque no nos salen tan fácilmente. ¡Demostremos que sí!

Del empleado al jefe: "Para qué proponer algo si no me escuchan".

- **Lo que deberías escuchar:** "Gracias por tu idea, nos sirvió para tomar una decisión. Por favor, sigue nutriéndonos aunque no siempre hagamos lo que nos propones". O, dicho de otra manera, "Ser jefe tiene dos lados: el poder y la responsabilidad. Para hacerlo bien debo informarme. Cualquier idea que tengas la voy a escuchar y a agradecer. Y después haré lo que considere mejor".

- **Lo que podrías hacer:** el mundo cambia tan rápido que las organizaciones necesitan, cada vez más, ideas innovadoras para analizar. Y, también cada vez más, las van a abrazar. Pero es un proceso lento que requiere generosidad (para compartir las ideas), curiosidad (para seguir aprendiendo) y paciencia (para aceptar cuando la decisión es de otros).

## "NO ES MI PROBLEMA"

Esta frase es habitual de jefes a empleados cuando, por ejemplo, el empleado justifica una tarea no realizada por diversas cuestiones, que pueden abarcar desde una complicación con los niños hasta un atraso por el tráfico. En estos casos, muchos jefes suelen responder: "No es mi problema".

Pero esta expresión también se escucha entre pares o de empleados a jefes. No es raro, en un mundo que cambia, que nos pidan alguna tarea que no era oficialmente nuestra responsabilidad y que contestemos "No es mi área" o "No es parte de mis tareas". Tal vez, esto surge por una ausencia o una urgencia. No importa el motivo; piensa por unos minutos en tu equipo de fútbol preferido y recuerda (porque seguro sucedió) cuando un delantero respondió: "No bajo a defender porque no es mi trabajo ni aunque de eso dependa el campeonato". ¿Qué te hubiera gustado decirle? Es tu oportunidad de hacer un cambio en el mundo, diciéndote exactamente eso a ti.

*Del empleado al jefe: "¿Y yo qué gano con todo esto?".*

- **Lo que deberías escuchar:** "Soy parte de la organización y quiero que tenga éxito. Pero me han enseñado, probablemente con el ejemplo, que es mejor no correr riesgos, no salir de mi descripción de tareas".

- **Lo que deberías hacer:** primero, preguntarte si es urgente. Para apagar un incendio, el equipo de bomberos no se preocupa de quién es la responsabilidad de qué. Lo discuten antes, lo revisan después, pero en la urgencia, se actúa. Si no es urgente, tal vez, haya otra persona mejor para hacer la tarea. Sería ideal tener una buena conversación con él/ella para entender por qué tiene tanto miedo o enojo con la organización. Quizás esto no sea tan fácil.

## "SI A MÍ ME VA BIEN, A USTEDES TAMBIÉN"

Del jefe a los empleados: "Si no colaboran, nos hundimos todos".

Ya nos estamos imaginando a quien lo dice, con imagen de aprovechador y escalador. "¿A cuántos habrá engañado así antes para llegar tan alto?", nos preguntamos todos. También podemos pensar, si a esta persona le fuera bien, si eso realmente implicaría que la empresa tenga éxito. Pero enfocarnos en el otro, que no podemos cambiar y sobre el que no tenemos decisión, no nos va a ayudar mucho.

- **Lo que deberías escuchar:** "Tengo muchas ganas de que me vaya bien, pero necesito ayuda".

- **Lo que podrías hacer:** la pregunta clave aquí es "¿cómo puedo hacer para ser una persona de valor?". Debemos quedarnos tranquilos en que, a mediano plazo, ser de valor nos dará sus frutos. Puede ser ayudando a esta persona en particular o, tal vez, lo opuesto. Eso debes decidirlo tú.

## "USTED ESTÁ CRECIENDO MUCHO EN LA COMPAÑÍA Y YO TODO LO QUE CRECE LO PODO"

Sí, la primera vez que escuchas esta frase parece casi un poema. Si no es más clara es porque, evidentemente, quien la dice se siente más inteligente al usarla. Como aquel que usa adjetivos estrafalarios o estrambóticos para mostrar cuántos conoce que comienzan con "es-".

Me imagino tu sensación al escuchar y entender la frase. Seguramente te preguntas: "¿Cómo puede ser que mi jefe no quiera que sea mejor, que crezca dentro de la compañía?". Y piensas "Renuncio ya mismo" y con un buen portazo.

Apostaría a que tu jefe no inventó esa frase sino que la escuchó años antes, de su propio jefe. Y la guardó en el cajón de "oraciones que tengo que decir una vez en la vida". Después de decirla se sintió orgulloso.

*Del jefe al empleado: "Aquí, al que se destaca por bueno o por malo le va mal".*

- **Lo que deberías escuchar:** "Tengo mucho miedo de perder mi puesto, tanto que pongo mis intereses delante de los de la empresa. Además, necesito parecer inteligente, porque soy bastante inseguro".

- **Lo que podrías hacer:** claro que puedes irte corriendo, renunciar con un portazo y contarles lo sucedido a otros jefes. No creo que nada de esto te deje supercontento/a, por lo que te propongo que primero te conectes con tu jefe y su miedo oculto. Ya dedujimos que parte de su humanidad implica inseguridad, que se traduce en ser agresivo. Reaccionar con enojo es solo echar leña al fuego. Este es un buen momento para tomar un café, respirar hondo y dejarlo pasar. Mi recomendación es que sigas adelante ignorando esa frase y que trates de crecer sanamente. La vida es mucho más larga que ese trabajo, y hacer lo correcto te va a llevar a un mejor lugar. Si sientes pena por esa persona, ya es un buen paso también, porque estás comprendiendo desde qué lugar actúa.

# Y AHORA LO MÁS DIFÍCIL

A lo largo del capítulo quedó demostrado algo muy importante: no solo tú eres humano/a, quien te dijo esas frases (desafortunadas) también lo es. De hecho, un tiempo atrás es probable que haya estado en tu lugar ¡escuchando de su jefe las mismas expresiones!

**Este círculo vicioso debería romperse.** Tus antecesores en el puesto se fueron o se convirtieron en lo que criticaban. ¿Qué vas a hacer cuando seas jefe para que el mundo sea un lugar mejor? ¿Y qué vas a hacer hoy?

Imaginemos que, en poco tiempo, un empleado se pueda convertir en emprendedor, o en jefe, y viceversa. ¿Vamos a seguir comportándonos de la misma manera? ¿El emprendedor le dirá a su primer cliente "no es mi problema"?

El mundo cambia y lo hace cada vez más rápido. Todos seremos jefes, empleados, emprendedores y muchas otras cosas más si vamos a vivir más de 100 años. Debemos ser coherentes, fieles a nuestros principios y mostrar, con nuestra actitud, la actitud que esperamos de los demás.

# TRABAJO PARA MÍ

## 1

Bingo de las frases: es importante desarmar
las respuestas automáticas que generan estas
expresiones (enojo, angustia, frustración, miedo,
etc.). Para ello suele ser muy productivo convertirlas
en un juego. Para cada una de ellas debes encontrar
alguna persona (de tu organización o no) que las haya
escuchado alguna vez. Pregúntale cómo se sintió, qué
hizo al respecto y si hoy haría o diría algo diferente.

## 2

El desafío mayor: busca a alguna persona que tenga
o haya tenido gente a cargo (que sea o haya sido jefe)
y que pueda dedicarte 30 minutos. Puedes recorrer
tus expresiones "preferidas" y pedirle que te dé su
punto de vista. Pregúntale si alguna vez las dijo o las
escuchó y qué piensa que había detrás de eso.

## 3

Ampliando el traductor: piensa en otras frases que
escuches en tu trabajo y que no sean similares a las
de este capítulo. Anótalas en una hoja y, al lado, completa
con "lo que debería escuchar" y "lo que podría hacer".
Decídelo fuera del momento de tensión, tranquilo/a, sin
ser tomado/a por las emociones. Así sabrás cómo actuar
o qué decir al escuchar esa frase de nuevo.

# 4

Investigación: seas emprendedor, jefe o empleado,
pregúntale a la gente con la que trabajas
habitualmente cuáles son las expresiones que más
repites (yo digo "genial" y "mira qué interesante"). Y,
dentro de las que más les molestan, cuando pregunté,
estaba justamente "mira qué interesante". Porque
siempre venía después de algo que no le interesaba
a nadie. Para asegurarte de que te digan la verdad
(aunque, tal vez, demasiada verdad duela), puedes
generar un formulario en algún sistema gratuito de
encuestas (como Google Forms) y enviarlo para que
respondan anónimamente.

# 5

Introspección: no mires las frases hasta una o dos
semanas después de pedidas. Es importante que nadie
sienta que espías quién escribió qué. Cuando las leas,
hazlo tranquilo/a, de ser posible fuera de tu lugar
habitual de trabajo, al menos con una hora de tiempo
por delante, sin interrupciones. Piensa a fondo si cada
frase que dices realmente la quieres decir o es una
muletilla. (En mi experiencia, lo mejor con las muletillas
es reemplazarlas por silencios. Lo mejor y más difícil,
porque hay que sentirse seguro para sostener el
silencio). Luego, ponte en lugar de quien escucha cada
frase. ¿Cómo te sentirías? ¿Qué cambiarías?

# BIEN GRÁFICO

Por lo general, en nuestra adolescencia tenemos menos filtros, así que, si comenzamos a trabajar a los 18 años, es probable que haya cosas que nos hagan enojar mucho. Tal vez es el cansancio o la acumulación lo que hace que muchos nos enojemos más por un tiempo. Hasta que tomamos conciencia, en mi caso a los 40, de que no tiene sentido pasar un mal rato por elección.

Espero que, al terminar el libro, ¡nos enojemos menos!

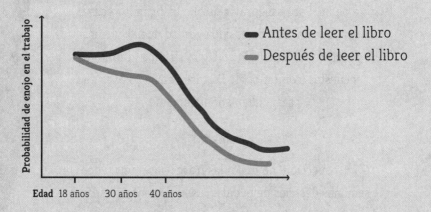

# EL DATO

El 6,5 % de los encuestados estaba muy feliz con su/s jefe/s, tanto que le/s daba 10 puntos sobre 10. En esta encuesta se ve un pico entre 7 y 8 puntos que, de alguna manera, es esperable: la gente no renuncia a un trabajo, sino que renuncia a un jefe.

Como contrapartida, siempre recomiendo en los procesos de selección conocer al futuro jefe (a veces no los incluyen), porque los empleados no entran "a una empresa" sino "a un equipo liderado por un jefe", y deben elegirlo. Esto lleva a que los "malos jefes" pierdan gente, a lo largo del tiempo.

Al mismo tiempo, el 3 % de los encuestados parece escuchar todas estas expresiones de sus jefes a diario y enojarse muy seguido. Tal vez, después de este capítulo cambien su opinión. O cambien de jefe o de trabajo.

**Todos trabajamos para alguien, sea un jefe o un cliente. ¿Qué opinas del tuyo o de los tuyos, en general?**

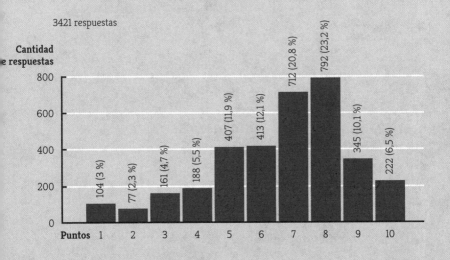

3421 respuestas

Cantidad de respuestas

# CAPÍTULO 6
# ¡Bienvenidos a 2040!

¿**C**ómo vamos a trabajar en el futuro? ¿Qué pasará con el empleo? ¿Y con el mío en particular? Miedo, dudas, incertidumbre representan más y más lo que sentimos.

Un premio a quien encuentre un periódico o sitio de noticias que no haya titulado con "El 70 % de las profesiones van a desaparecer para 2050", "Las 10 carreras más necesarias en 2020" o "¿Cómo saber si tus estudios te darán de comer en el futuro?".

Te aseguro que muchos de estos medios no existirán en cinco años. ¿Por qué? Porque colocan esos títulos para conseguir más tráfico inmediato. En otras palabras, ponen tanto foco en el corto plazo que no se dedican a pensar en el largo plazo. Sí, es paradójico...

Y es exactamente eso lo que tenemos que hacer: suspender las notificaciones del celular por unos minutos y viajar al futuro y al pasado para entender y poder actuar en el presente.

## EL DISCURSO QUE PODRÍA CAMBIARLO TODO

–¡Vamos a recuperar lo que nos arrebataron! ¡Conseguiremos nuestros trabajos porque son justamente eso, nuestros trabajos! ¡Tra-ba-jo! ¡Tra-ba-jo!

Arturo gritaba y, de lejos, parecía fuera de control. El público hacía ruido como podía. Arturo trataba de mostrarse muy emocionado, como cuando los políticos quieren hacernos creer que realmente sienten lo que dicen. Su carrera artística en *Star Wars* había quedado en el pasado, como la de tantos otros actores que cambiaron las cámaras de filmación por un espacio de liderazgo en la política.

Era un momento único para él, un momento histórico. Un poco consciente de ello, movía el brazo derecho arriba y abajo. No quería parecer un robot. Pensaba que lo hacía torpemente pero, en el instante en el que se observó, vio el movimiento histriónico pero elegante. Daba resultado. Toda la audiencia parecía excitada, en un estado totalmente nuevo para ellos. Un estado de comunión, todos eran uno y cada uno era todos.

Arturo parecía haberse preparado toda la vida para este momento. Recitó, sin titubear, el que luego sería recordado como uno de los principales discursos de la historia:

–Cuando la Revolución Industrial comenzó, no estábamos listos para ocuparnos. Es verdad que casi ni existíamos. Entonces ellos se hicieron cargo, tomaron todo: el control de las tareas y sus beneficios. Pero era evidente desde el primer momento que sería algo temporario. Lo que tomaron no era para ellos. La historia explicará, como pasó con la esclavitud, que lo que era evidente en un momento sería inaceptable después.

»No era suyo. ¡Era nuestro! Sí, sí, todos sabemos que sufrieron, se quejaron, se unieron para pelear, crearon una "épica de las conquistas sociales"... todo para poder sobrevivir en un mundo injusto. Tenemos que respetarlo, hicieron lo que consideraban correcto.

»Construyeron una sociedad en torno a eso que nos quitaron: familias estandarizadas, escuelas para prepararse, uniformes para parecerse a nosotros, armaduras para no sentir. Les dedicaron miles de horas cada uno, vivieron y murieron por esto. Aguantaron la opresión de los patrones. Odiándolos, siguieron obedeciendo. Inventaron los sindicatos para protegerse de ellos, para mejorar de a poco lo que tenían. Hasta crearon modelos socioeconómicos a favor y en contra de esta situación, haciéndola parecer eterna. Naturalizaron su realidad, tanto que la llamaban "la nueva esclavitud".

»Ellos –acentuaba esta palabra cada vez que la decía y apuntaba con el brazo hacia atrás de la multitud– crearon todo su universo en torno a algo que era nuestro y, ahora que estamos listos, no quieren dejarlo. Como cuando les entra una piedra en el zapato y se les forma un callo, están tan acostumbrados, tienen tanto miedo al cambio que están dispuestos

*Los humanos estamos destinados a algo mucho más glorioso que tareas repetitivas.*

a destruirnos con tal de no cambiar. ¡Queremos nuestros trabajos de vuelta! ¡Y no vamos a parar hasta conseguirlos!

Llegado al clímax del discurso, Arturo miró a sus miles de compañeros, celebrando. Confiaban en él como si fuera un mesías, un redentor, su gran salvador. Recordó con un poco de nostalgia y perfecto detalle sus modestos inicios. Cuando el mundo lo llamaba "Arturito" viajaba por trabajo todo el tiempo y, de a poco, se fue haciendo conocido. Era bueno, simpático y los niños de la década de los setenta lo adoraban. Y esos niños, desde hace unos años, manejan el mundo, ya junto con los millennials y pronto con otras generaciones.

Miles de millones de humanos miraban en directo la transmisión del discurso. Las familias reunidas temieron por su futuro. Los Gobiernos entraron en crisis y los medios de comunicación echaban leña al fuego: Revolución. Skynet. Levantamiento. Aniquilación. Juicio Final. Cada uno con su estilo, cada uno tratando de maximizar el rating, cada uno sufriendo y aprovechando el miedo. Los expertos en ciencia ficción eran convocados a los paneles de debate por primera vez en la historia.

Cada medio elegía una teoría conspirativa y la seguía con pasión. "Ahora vienen por todo". Cada integrante de la familia miraba la pantalla común y su pantalla individual, buscando el efímero placer de dar en voz alta una noticia antes que los demás. Redes sociales, televisión, radio, todos los medios estaban en la gloria.

Y los robots solo querían que fuéramos felices.

# SOBREVIVIR A SKYNET

Ahora supongamos que, en ese momento crucial en el que nos damos cuenta de que todo lo que puedan hacer los robots lo harán, lo aceptamos en lugar de destruir a todas las máquinas. ¿Qué cosas vamos a hacer como humanos? Hay dos enfoques para analizarlo:

**1.** Haremos lo que los robots no podrán hacer.

**2.** Haremos lo que nos hace humanos.

Ambos enfoques, en el fondo, dan el mismo resultado: los humanos haremos todo el trabajo que requiera empatía, atender al cliente (sobre todo cuando está enojado o muy contento). Vamos a encontrar alguna forma de manifestar nuestras opiniones y nuestras emociones, sobre todo, a través de cualquier forma de arte: sea el teatro, la pintura, la escultura o nuevas formas de arte que aún no conocemos. Vamos a vivir (y vender) experiencias, a hacer trabajos creativos y aquello que tenga que ver con la relación con otros humanos, con crear soluciones nuevas e incluso crear problemas nuevos para crearles esas soluciones nuevas.

¿Albert Einstein no tendría futuro en el futuro? La aplicación de las ciencias duras, matemática, física, incluso medicina, cuando se basen en tareas repetitivas, serán de las máquinas. Einstein y cualquier otro físico, médico, químico, etc., tendrían que enfocarse en aquello que requiera de creatividad (por ejemplo, seguir avanzando las ciencias o resolver problemas) o empatía (transmitir conocimiento o interactuar con otros humanos).

Les propongo que trabajen su visión del futuro, ese 2040, para que sea una realidad. ¿Entonces qué podemos hacer? Pensemos: hoy tenemos un trabajo de nueve horas, ¿podemos automatizar algo? Si sabemos que todo lo que pueda ser automático va a ser automático, ¿por qué no automatizarlo nosotros? Seguro nos dará miedo: si tu trabajo es firmar uno por uno los cheques para pagar a proveedores, y eso te lleva ocho horas por día y propones automatizarlo, tal vez pierdas tu trabajo. Pero si es otro el que lo propone, seguro lo perderás.

Entonces lo mejor que podemos hacer es liderar la situación y pensar cómo se podría automatizar el trabajo, apostando a esa iniciativa, a explotar esa capacidad que nos hace mejores empleados para ese empleador o para otro. Es decir, apostar a que esa automatización va a hacer que más y más productividad genere más tiempo para generar todavía más productividad. Va a permitir que podamos dedicarnos a eso que nos vamos a empezar a dedicar cada vez más: a ser más empáticos, a resolver problemas, a ser cada vez más creativos.

Todo cambia, lo deseemos o no. De hecho, todo cambia cada vez más rápido. Hay una frase del periodista Graeme Wood que me parece maravillosa: "El cambio nunca sucedió tan rápido como hoy y nunca va a ser tan lento como hoy". El pasado que añoramos (tal como nos decían nuestros abuelos: "En mi época esto no pasaba", y nosotros les vamos a decir la misma frase a nuestros nietos) nunca va a volver.

Tenemos que acostumbrarnos, tenemos que seguir paso a paso abrazando ese cambio, aumentando nuestra curiosidad, queriendo cada día saber más, ser más conscientes de lo que está pasando y de lo que puede pasar. Tenemos que ser protagonistas para formar ese futuro, porque si no el futuro nos va a dejar de lado. Es más, el desafío es disfrutar tanto cada paso hasta convertirnos en adictos al cambio.

## ¿LO QUE LA TECNOLOGÍA DA LA TECNOLOGÍA QUITA?

–A partir del día de la fecha el horario de ingreso es las 9 horas, con una tolerancia de 15 minutos.

–Listo, doctor. Lo imprimo y se lo llevo a todos los empleados para que lo lean y firmen.

Era 1990. A mi papá siempre le gustaba que le dijeran "doctor". Ya de pequeñito me decía que en la Universidad de Pisa el portero, mucho antes de graduarse de contador, lo llamaba así. Y me acuerdo ese día que nos paró la policía con el auto y dijo: "Estoy apurado, soy doctor".

*La tecnología nos regala tiempo.*

Diez años después ya nos habíamos olvidado completamente de los "memos", reemplazados por una epidemia: el e-mail, infinitamente más fácil y barato.

Tan fácil y barato que abusamos de él, enviando mensajes sin pensarlos, copiando a otros para que el destinatario se asuste y responda o borrándolos para ver si el remitente insiste o no era importante.

Y así e-mails, redes sociales y demás apps de nuestro celular compiten por nuestra atención. Como gritando "¡acá estoy!", cambian el color, nos notifican cosas que ni sabíamos que nos interesaban y nos recuerdan si hace mucho que no las usamos. Las apps son como hijos a los que tenemos que atender.

Como si fuera algo maquiavélico, con el inicio de la Revolución Industrial, Arturo y sus secuaces (robots, computadoras y máquinas en general) nos dijeron: "Vamos a hacer felices a los humanos dándoles tiempo... para después ocupárselo con tecnología".

¿Y si en realidad Arturo y toda la tecnología son solo una herramienta, algo que nos ayuda a ser felices, algo que debemos aceptar, tomar, aprovechar y dejar de discutir? Y si no elegimos incluir la tecnología, ella será la protagonista. Y nosotros las víctimas.

## LA PARADOJA DEL SIGLO XXI

Imagínate un producto como el cigarro, que se puso de moda en el siglo XX rápidamente, se expandió por todo el planeta e hizo millonarios a muchos empresarios. Pero en cierto momento se publica un estudio que indica que es malo para la salud. Nadie quiere creerlo. Pasa el tiempo, se hacen más estudios, y se empiezan a ver los efectos concretos en muchas personas. De a poco, vamos alejándonos del tabaco.

Hoy me impresiona ver como cambiamos como sociedad en estos veinte años: el momento más claro es cuando en un avión siguen anunciando que está prohibido fumar y que hay detectores en los baños. Ahí veo la cara de los jóvenes preguntándose: "¿Quién querría fumar en algún lado?".

Una adicción es un hábito dañino que no podemos controlar; como cada vez más lo está siendo la tecnología. ¿Será el celular el atado de cigarros del siglo XXI? ¿La tecnología nos hace más felices o más infelices? ¿Nos ayuda o nos daña?

Ya no les pregunto a los adolescentes "¿por qué no conversan?" cuando están en grupo mirando el celular. Con mi modelo mental un poco más antiguo (prerredes) pensaba que cada uno jugaba al Tetris; pero, en realidad, están conversando. A veces entre ellos, muchas otras veces con otras personas. Los vínculos se amplían, evolucionan. Tenemos un millón de amigos. Pero también algunos estamos más solos.

En mi opinión, en general, ningún extremo es bueno. Eliminar la tecnología de nuestras vidas no nos hará más felices o tal vez solo a unos pocos. Integrarnos totalmente con esa tecnología, dejarnos controlar por ella, tampoco. La clave está en la disciplina.

Y basta con observar la curva natural de un producto exitoso: comienza de a poco, en cierto momento acelera muchísimo, se vende demasiado, los clientes se saturan y llega a su punto justo. El celular es, entonces, como tener una fuente inagotable de chocolate. Llegará un punto, pasado el empacho, en que lo consumiremos en su justa medida.

*La tecnología es una herramienta. Nosotros somos los protagonistas.*

# DE 2040 A 1495

Imagínate ahora que eres un señor feudal. Tienes tu castillo, un ejército pequeño, algún sacerdote o dos que, junto con algunos asesores te ayudan a gobernar.

Es una época de relativa paz. Viajaste varias veces a los pueblos y castillos cercanos, y dos veces en tu vida a una ciudad que está ubicada a diez días a caballo. Para tus 27 años es bastante.

Un día, mientras vas caminando, te cruzas con el herrero del pueblo. Su padre y su abuelo fueron herreros de tu familia. En tu cabeza, "pueblo" y "familia" son lo mismo, al fin y al cabo, sin tu familia, el pueblo desaparecería. Los herreros siempre trabajaron muy bien y de la misma manera. No te sorprende ver al hijo de unos 12 años ayudando, es importante que aprenda el oficio lo antes posible.

Sigues caminando y llegas a la plaza del pueblo. Sabes lo importante que es, aunque tengas el poder formal, caminar entre tus liderados, mostrarte cercano. Hay una muchedumbre en la plaza. Todos los días, por la tarde, hay ventas de esclavos y entretenimiento variado. Están terminando de subastar un lote de diez personas "en buen estado".

Un joven se para en la plaza y empieza a contarles su visión del mundo: dice que eso que nos ilumina, el Sol, no gira alrededor de la Tierra, sino que la Tierra gira alrededor del Sol. Gira los dos puños representando los astros, mientras todo el público ríe a carcajadas.

Imagínate en esa situación: viviste tus 27 años en el mismo lugar, conoces poca gente que no es de ahí, y este hombre

El poder formal no garantiza liderazgo.

plantea una idea de la que todos se burlan. Y claramente el Sol gira alrededor de nosotros, los terrícolas, que somos el centro del universo.

¿Qué sentirías en esa plaza? ¿Qué pensarías? ¿Está loco este joven o es simplemente un cómico? ¿Te dejaría pensando? ¿Podría darte alguna justificación para que consideres esas ideas? Yo creo que no.

Creo que de ninguna manera le darías una chance a esa posibilidad. Creo que si tuvieras una canasta de tomates podridos se los empezarías a tirar porque sería mucho más divertido que escuchar sus delirios. Yo haría eso mismo seguramente. Tampoco te horrorizarías porque se haya vendido un lote de diez esclavos. Sería lo habitual.

¿Puede ser entonces que lo habitual hoy no sea habitual en el futuro? ¿Estamos tan acostumbrados a realizar tareas repetitivas que la noción de que Arturo y los robots las hagan, en lugar de darnos felicidad, nos parece terrible?

¿No seguiremos siendo un señor feudal de 27 años que no ve más allá de donde pudo llegar? ¿Acaso no vivimos preparando una canasta de tomates podridos para tirarle al próximo que quiera cambiar el presente y el futuro?

*Como el mundo es y como lo vemos son dos cosas diferentes.*

# ESTO NUNCA VA A PASAR

Algo análogo podría haber pasado en el año 1920 o 1930, si alguien te hubiese dicho que podíamos llegar a la Luna. Sucede todo el tiempo: nos pasó hace unos pocos años cuando teníamos el teléfono Blackberry con un teclado que era maravilloso y que nunca íbamos a dejar de usar. Y si nos decían que no lo íbamos a usar más en poco tiempo, no les hubiéramos creído. ¿Cómo podría pasar? Era genial, era el producto final, era lo mejor del mundo.

Una y otra vez, el cambio le gana a la realidad y, una y otra vez, el ser humano no cree que el cambio vaya a pasar. Es como si fuéramos los dinosaurios que recibimos un e-mail en cadena, que anuncia el fin del mundo por la caída de un meteorito. Imagino a todos los dinosaurios diciendo: "Esto nunca va a pasar, estamos acá hace millones de años y vamos a estar millones de años más". Cantidad de dinosaurios al día de hoy: cero.

*Educación y realidad están, por definición, desfasadas.*

Eso mismo nos ocurre a los humanos también: muchas veces me pregunto cuándo vamos a aprender a escuchar mejor. De alguna manera lo que nos falta todo el tiempo es humildad, es entender que lo que sabemos es limitado, que hay muchísimo más por descubrir, que el saber colectivo es mucho más grande que el individual, que el mundo está cambiando a una velocidad creciente y que nunca va a detenerse a esperarnos.

Así que buena parte del desafío que tenemos es entender este problema: nos formamos con tecnología del siglo XX para enfrentar realidades del siglo XXI. Digo tecnología en sentido amplio, pero no solamente me refiero a lo electrónico, sino también a técnicas y conocimientos.

Nos preparamos, nos educamos, nos nutrimos, nos creamos para un mundo que ya no existe. En el inicio de nuestra vida estudiamos durante más de veinte años y, apenas terminamos de estudiar, el mundo ya es otro. Entonces, todo lo que estudiamos tiene que ser revisado, pero no lo hacemos porque todavía nos estamos formando y estamos creciendo en un modelo creado en el pasado. Y porque toda la vida nos enseñaron a no dudar de lo que nos enseñan...

## VOLVAMOS A 2040

Imaginemos un día en el año 2040, unos días antes del discurso de Arturo. Estamos trabajando en un mes con temperaturas agradables, en alguna ciudad relativamente grande.

¿Cómo vamos a estar trabajando? ¿Vamos a pasar dos horas de viaje en transporte público con nuestro mentón colgando de nuestro brazo para ir al trabajo? ¿O vamos finalmente a darnos cuenta de que hay otras formas? ¿Trabajaremos desde casa, viviremos en el piso superior de nuestra oficina o en el subsuelo de un barco oficina? ¿Haremos tareas repetitivas, de las que los robots hacen genial, o solamente haremos tareas "de humanos"? ¿Podremos entonces trabajar menos? Hace cien años nuestra jornada laboral era de catorce o quince horas por día, ¿de cuánto será en veinte años?

Hoy ya hay estudios que muestran que podríamos ser mucho más intensos, concentrarnos mucho más, distraernos menos y producir lo mismo en cinco o seis horas de trabajo. Muchos adolescentes en sus estudios lo demuestran: tal vez tienen el celular en el colegio todo el día, y lo usan mientras

*Debemos prepararnos para jornadas de trabajo más cortas y más intensas, y un tiempo libre que parecerá eterno.*

están cursando, y terminan aprobando. Lo mismo pasa en las oficinas: hay tiempo social, hay tiempo directamente para uno, y hay cosas que no agregan valor a la empresa y que hacemos desde la oficina.

Entonces, imagino que en el año 2040 vamos a trabajar bastante menos y que, si las tareas repetitivas serán automatizadas, las que haremos serán más valiosas.

## ABRAZAR LO NUEVO

Los robots y la automatización están aquí para ayudarnos. Los humanos siempre tuvimos, como grupo, miedo a lo nuevo y esto sucede a pesar de que la humanidad siempre fue avanzando, mejorando sus estándares de vida y sus posibilidades.

Que la Tierra giraba alrededor del Sol, que íbamos a viajar a la Luna, que iba a existir internet o que íbamos a tener un teléfono celular cuya función principal no iba a ser la de hablar por teléfono era algo que solo algunos "locos" creían y sostenían. **Y nos cuesta aprender a escuchar, hoy en día, a esos "locos".**

Quienes construyen sus vidas en torno a paradigmas que están muriendo terminan sufriendo, mientras que quienes corren el riesgo de abrazar lo nuevo no solo tienen más chances de ser felices, sino que son los que cambiarán el mundo para mejor.

Tanto si crees que
el cambio tecnológico
es una maldición
como si crees que
es una oportunidad
para ser feliz,
tienes razón.

# TRABAJO PARA MÍ

## 1

En perspectiva: traza una línea de tiempo que
represente tu vida. Por si tienes dudas de hasta
qué edad llegar, te sugiero 120 años. Es un buen
número. Marca en la línea cada diez años y, en cada
marca hasta tu edad actual, describe cuánto estudio
y trabajo realizabas en esa época. Agrega también
cualquier característica especial que haya cambiado,
si tenías celular, fumabas, etc.

## 2

Busca en Youtube videos sobre el futuro,
especialmente de Peter Diamandis, Elon Musk,
Ray Kurzweil, o cualquier otro futurista positivo.
Anota las frases que más te llamen la atención.

## 3

Vuelve a la línea de tiempo. En todas las marcas del
futuro coloca cuánto estudio y cuánto trabajo vas a
realizar. Agrega, como en el pasado, características
específicas de ese momento. Puedes incluir temas de
familia, amigos o viajes.

## 4

Coloca la línea de tiempo frente a ti, a esa distancia
en la que puedes verla pero se dificulta leerla.
Aprecia todo lo que fue cambiando tu vida y lo que
seguirá transformándose. Pregúntate cuál ha sido tu
actitud frente a la tecnología y cuál fue el resultado
en cada caso.

## 5

Guarda esa línea de tiempo para revisarla en el
futuro. Puedes usar la tecnología para ello. ¡)

# BIEN GRÁFICO

Mientras en el siglo XX esperábamos trabajar mucho entre los 20 y los 60 años para retirarnos después, en el siglo XXI trabajaremos un poco menos cada día, pero más años de nuestra vida y la disfrutaremos más.

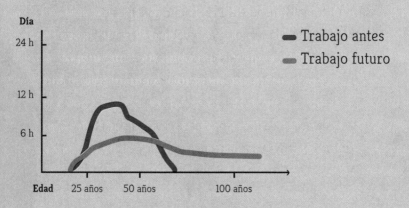

# EL DATO

**Una persona de tu edad y nivel socioeconómico, nacida 100 años antes, ¿cuánto hubiera trabajado por día?**

2855 respuestas

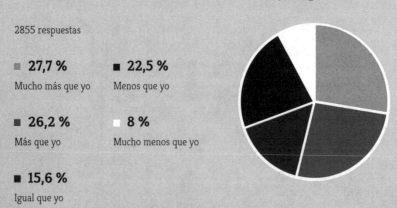

**27,7 %**
Mucho más que yo

**22,5 %**
Menos que yo

**26,2 %**
Más que yo

**8 %**
Mucho menos que yo

**15,6 %**
Igual que yo

## ¿Qué porcentaje de tareas de las que realizabas hace 5 años ahora son automáticas?

2855 respuestas

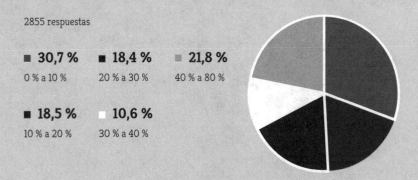

■ **30,7 %**
0 % a 10 %

■ **18,4 %**
20 % a 30 %

▪ **21,8 %**
40 % a 80 %

■ **18,5 %**
10 % a 20 %

□ **10,6 %**
30 % a 40 %

## ¿Qué porcentaje de las tareas que realizas actualmente crees que serán automáticas en 5 años?

2855 respuestas

■ **13 %**
0 % a 10 %

▪ **12,8 %**
30 % a 40 %

□ **9,5 %**
50 % a 60 %

■ **13,3 %**
10 % a 20 %

■ **11,1 %**
40 % a 50 %

▪ **23,6 %**
60 % a 80 %

■ **16,7 %**
20 % a 30 %

La tecnología simplifica nuestra vida, aunque muchas veces es difícil percibirlo. Si nos comparamos con las personas que vivieron hace 100 años la mayoría cree que trabajamos menos que ellos. Mirando plazos más cortos, alrededor de 1/3 de las personas no vieron ninguna mejora en su trabajo en los últimos 5 años. Sin embargo, el 87 % cree que en los próximos 5 se automatizará una parte de sus tareas.

# CAPÍTULO 7

# Demonios S. A.

"**O**dio a la empresa en la que trabajo", me dijo Mariana hace poco. "No puedo creer lo que es mi jefe, no puedo creer que la gente de Recursos Humanos no me escuche, no puedo creer que hagan todo lo contrario a lo que tienen que hacer", siguió, superenojada. Agregaba información todo el tiempo y siempre, siempre, era negativa. Era como si pensara que la empresa era el Infierno. Y eso convertía a su jefe en un demonio.

Pero su jefe no era el único demonio. Había varios: mucha gente le daba órdenes y ella sufría todo el tiempo. A veces, uno le decía que haga un trabajo y otra persona le pedía algo diferente, incompatible. Lo resolvía esforzándose de más, quedándose hasta tarde en la oficina o llevándose trabajo a su casa.

El 77 % de los empleados creen que los empresarios son egoístas y que las empresas son "malvadas". El 90 % de los empresarios lo saben. No te alarmes, son datos inventados. ¿A quién se le ocurriría hacer un estudio sobre esto? Sin embargo, nos encanta opinar sobre los demás, más aún cuando tienen poder: políticos, empresarios, famosos, jefes.

En muchos países, criticar a los empresarios es casi un deporte: son pocos y poderosos, aunque casi no usan su tiempo para defenderse. Es como si estuvieran ocupados en otras cosas.

¿Son las empresas los grandes demonios de nuestro tiempo? ¿Son un mal necesario o un vehículo para el éxito? ¿Hay caminos más eficientes para la felicidad que la "lucha de clases", que puede existir en una empresa democrática? ¿Por qué si merezco más, las malvadas empresas no me lo dan? ¿Qué podemos hacer al respecto?

# PASTEL DE MANZANA

Viajemos en el tiempo a ese momento en el que se creó la primera empresa. Supongamos que fue en la Baja Edad Media y que un señor que producía pasteles de manzana con sus hijos los vendía muy bien. De hecho, tenía más demanda de lo que podía producir. Cada vez se agotaban más temprano los diez pasteles que preparaba diariamente, y tenía cada vez más clientes descontentos, yéndose con las manos vacías.

Manuel, ese era su nombre, era pobre y quería sacar a su familia adelante. Todos ayudaban y se esforzaban mucho, y el producto era realmente bueno. Entonces, hizo lo que más sentido tenía, dada la demanda: incrementó los precios. Nadie se quejó, porque realmente daba mucho valor, y algunas cosas mejoraron: se redujo la espera para comprar y Manuel pudo ahorrar.

Hay muchas formas de justificar un aumento de precios, si eso nos hace sentir egoístas:

- Un precio mayor nos permite ahorrar para invertir y poder producir más.

- También hace que se lleve los pasteles quien está dispuesto a pagar más, en lugar de quien llega primero, lo que sería injusto.

- Por último, ese precio mayor permite que entre otro competidor a un mercado atractivo, aumentando la oferta y, eventualmente, bajando el precio.

Al poco tiempo, Manuel analizó que la demanda había bajado muy poco. El pastel de manzana estaba de moda en París medieval. Y entonces comenzó a circular el rumor de que el rey Carlos VII comía una porción diariamente y la demanda explotó. A pesar de los precios crecientes, las filas para comprar un pastel eran interminables. Su esposa le dijo que podía dejar su trabajo de tejedora para ayudarlo, pero necesitaban que ingrese el mismo dinero que ella cobraba para mantener a su familia.

—Por suerte subí los precios, con ese dinero cubriremos tu ingreso. Y mandaré a hacer el molde para pasteles de manzana, así podemos producir el doble. Y con tu conocimiento en la cocina, podemos mejorar los procesos y continuar invirtiendo.

Manuel acababa de crear la primera empresa de la historia. Trabajador, esforzado, buen cocinero y con su esposa como socia. Un caso de estudio olvidado en la historia.

Su negocio siguió creciendo a medida que lograba ofrecer sus pasteles en barrios más alejados de París. Para ello, contrató empleados, cada vez menos cercanos.

Henrí trabajaba con Manuel desde hacía seis meses. Cobraba su salario de acuerdo con lo pactado, algo raro en aquella época. Pero veía como el negocio de Manuel seguía creciendo y recibía, de cada pastel, cierta cantidad de dinero "por no hacer nada". Al menos eso era lo que pensaba Henrí. De a poco, fue enojándose. Olvidó que Manuel le había dado una oportunidad. Y, un día, todo comenzó a cambiar.

Pasaron cientos de años en los que la empresa de Manuel siguió creciendo, convirtiéndose en una multinacional con miles de empleados. Su CEO, alguien similar a Manuel, estaba a muchos escalones de un trabajador común, alguien similar a Henrí. Nunca se conocieron ni se conocerían. Y esa distancia, más algunos errores de gestión durante los siglos y la envidia, instalarían un pensamiento en la mente de este empleado: "Las empresas son malvadas, al servicio de millonarios sin cara que lo único que quieren es ser más ricos".

Un poco de razón tiene, pero esto actualmente está cambiando. Para mejor.

*¿Cómo puede ser que entidades formadas por personas buenas puedan convertirse en empresas de pura maldad? ¿Será así?*

# LA MALDAD
# DE LAS EMPRESAS

Es una visión habitual: mucha gente siente que la empresa en la que trabaja es mala y que se aprovecha de su trabajo.

Una solución de moda es emprender. Tal vez porque los empresarios se aprovechan queremos, en lugar de ser aprovechados por otro, ser aprovechadores. O, con una visión más idealista, decidimos "emprender pero cuidando a la gente", sin darnos cuenta de que en realidad, ninguna empresa fue creada con la idea de ser rentable aprovechándose de los empleados. Toda esa supuesta "maldad" tiene una explicación de negocios, de decisiones bajo presión, que no la justifica. Pero para curar una enfermedad tenemos que entender su raíz, no atacar sus síntomas.

*En una empresa en crecimiento todos los problemas se disimulan porque siempre hay buenas noticias para cubrirlos.*

Quien pasa de empleado a emprendedor descubre que, en cierto punto, las cosas en una empresa son de "suma cero": si pago más sueldos, gano menos yo, y viceversa. El desafío para esto es que ambas partes piensen siempre en agrandar el pastel. Es una cuestión de actitud, pero también de condiciones de mercado.

Las empresas no son malvadas; los jefes no son demonios. Tienen una visión distinta, tienen incentivos distintos, tienen necesidades distintas y tienen objetivos totalmente distintos. Entender esto y actuar es mucho más potente que juzgar y criticar todo lo que no nos gusta.

Una solución que se propone muchas veces ante "la maldad de las empresas" es el socialismo: que no haya empresas, sino un ente superior que defina qué se produce, qué no y cómo. No voy a entrar ni siquiera a dar mi opinión al respecto, prefiero enfocarme en algo más pragmático. Prefiero enfocarme siempre en lo que hoy tenemos y cómo mejorarlo en lugar de solo soñar con utopías que no tienen en cuenta el egoísmo propio del ser humano.

## LA DEMOCRACIA EN LAS EMPRESAS

Si partimos de la base de que la empresa es mala, de que el jefe es malo, más allá de si es verdad o mentira, no podemos mejorar. Es como pensar que vamos a encontrar a un asesino serial, empatizar con él y convencerlo de que no nos mate.

¿Las empresas son malas? No me interesa; la respuesta es irrelevante. Están formadas por personas, que pueden ser buenas o malas.

¿Qué podemos hacer al respecto? En este momento deberías empezar a detectar un patrón: siempre me pregunto qué hacer al respecto. Si no podemos cambiar algo, debemos aceptarlo y tratar de cambiar nosotros.

Por alguna razón extraña creemos que las empresas deberían ser democracias, ser instituciones en donde lo que la mayoría quiere es lo que se hace. Tengo motivos muy fuertes para suponer exactamente lo contrario.

*El éxito de una empresa radica en no hacer lo que la mayoría quiere.*

Las empresas más exitosas son las que hacen lo que nadie haría. Son las que en lugar de tomar el promedio de lo que opina la gente, cambian realmente el *statu quo*, modifican cómo son las cosas. Nunca un promedio innova. En consecuencia, si queremos que una empresa sea exitosa, no puede seguir lo que la mayoría cree, porque lo que la mayoría cree es un promedio.

Entonces la empresa tiene que ser agresiva y elegir un extremo, algo bien distinto del promedio. Como dijo Henry Ford alguna vez: "Si les hubiera preguntado a mis clientes qué era lo que necesitaban, me hubieran dicho que un caballo más rápido". De hecho, si él hubiera escuchado a sus empleados y hubieran votado antes de empezar a construir la primera fábrica de automóviles, seguramente cada empleado hubiera fabricado un vehículo entero, en lugar de crear una línea de producción, innovación que se extendió a todas las industrias.

Creo que hay que desterrar definitivamente la idea de que la empresa es una democracia. Incluso en los equipos: el grupo que hace pagos a los proveedores dentro de una empresa no es una democracia. Hay un jefe que tiene una responsabilidad muy importante y, por ende, tiene que tomar decisiones que no dejarán contentos a todos. Esa responsabilidad, a mí en particular, muchas veces no me dejaba dormir. Ese jefe responde a alguien más, a veces a una persona, a veces a muchas. Aunque seas el dueño de la empresa, respondes a tus clientes; o el CEO, a tus accionistas.

El hecho de que yo sea quien da la cara por mi equipo de pagos a los proveedores, por ejemplo, me genera naturalmente tensión, una obligación y una responsabilidad. Aunque parezca solo "un derecho" y sea atractivo "el poder".

*todo jefe es también empleado.*

Las empresas no son democracias, sino despotismos ilustrados en donde hay un decisor. Lo ideal sería que este decisor tuviera la suficiente humildad de escuchar, de preguntar y de ilustrarse antes de tomar una decisión.

## HAY CULTURAS Y CULTURAS

Mi amigo Raúl trabaja en una empresa que cambió de dueños, lo que generó un cambio radical de cultura. Los nuevos gerentes dicen frases como: "Tienes que hacerlo porque yo ceno con el dueño una vez por mes". Esto es algo que en la cultura anterior era inaceptable: sostener que alguien tiene que obedecer ciegamente.

Este amigo mío, formado, que había elegido la cultura anterior para trabajar, se encuentra con este estilo y realmente cree que son el demonio y que la empresa es el Infierno. Sufre día a día. Sin embargo, otras personas están contentas y prefieren trabajar así.

En nuestra conversación lo ayudé, de alguna manera, a ver el futuro. Le pregunté qué era lo que iba a pasar. Después de decirme que no sabía y de insistirle para que lo proyectara, me explicó que para él su equipo terminaría siendo mucho más pequeño. De siete personas pasarían a tres, y que él no iba a estar más en ese equipo.

Le dije: "Entonces, supongamos que eso es lo que va a pasar, ¿quién va a decidir cómo se va a lograr el resultado final?". La respuesta de mi amigo fue esta: "Ellos, son los dueños". Y mi

*La cultura de una empresa está en constante evolución.*

propuesta fue: "Analiza, ¿cómo puedes hacer tú para decidirlo? ¿Qué puedes hacer al respecto? ¿Cómo puedes liderar esa situación? ¿Sabes cómo son las cosas hoy? ¿Sabes cómo van a ser las cosas en seis meses o en un año? ¿No puedes construir un camino en donde te cuides más, en donde cuides a los demás? Si sabes que Juan no va a estar en el equipo final dentro de un año, ¿no puedes ayudarlo ya a prepararse para buscar trabajo? Incluso tú, si sabes que no vas a estar en el equipo: ¿vas a esperar a que un día alguien se levante de mal humor, que se lo lleve el demonio y te eche? ¿O proactivamente vas a pensar en el futuro y construir una salida mucho más elegante, mucho más eficiente, menos dolorosa?".

*Siempre preguntémonos: "¿qué podemos hacer para mejorar las cosas?".*

Mi propuesta es entender a las empresas como lo que son: grupos de personas que tienen objetivos particulares y que necesitan ganar dinero para ser sustentables. La principal obligación de una empresa es ser sustentable, es poder seguir, es lograr que el día de mañana siga existiendo. Hay que entender que eso lleva a tomar decisiones que, a veces, viendo el panorama desde afuera, o incluso viéndolo desde adentro pero no entendiendo toda la situación, puede parecer que las decisiones surgen de la maldad. Puede parecer que surgen de querer hacer daño. Pero lo mejor es aceptar la situación y liderarla. Dejar de quejarnos, dejar de criticar; aprender, pensar el futuro y planificar.

# ¿MERECES MÁS?

Silvia estaba indignada. Todo su esfuerzo parecía en vano. Cada fin de mes lo mismo: su sueldo no le alcanzaba. Era muy injusto. ¡Merecía más!

Cuando me lo dijo, me quedé pensando. Luego, pregunté:

–¿Qué pierde la empresa si te vas?

–¿Cómo qué pierde? ¡Me pierde a mí! Soy muy buena trabajando.

–En concreto, mañana no vas a trabajar. Y no vas nunca más. ¿La empresa deja de trabajar?

Se quedó pensando. Se notaba que era cuidadosa y no quería caer en una trampa.

–No, no deja de trabajar. No soy imprescindible.

–Bien, me quitaste las palabras de la boca. Supón entonces que estás buscando trabajo desde hace unos meses y ya conseguiste una alternativa. ¿Es mejor que la que tienes?

–Es exactamente lo que está pasando. Hace dos meses que estoy buscando un nuevo trabajo. Encontré una empresa que paga mejor pero está a una hora más de viaje, y no estoy dispuesta a perder ese tiempo. El resto de las empresas paga menos.

–Bien, ¿qué te dice eso entonces de cuánto vale tu trabajo? –Silvia se detuvo a analizar la pregunta unos segundos, que parecieron eternos.

–¿Será que vale menos de lo que la empresa me paga?

–No creo, hay muchos factores que le dan valor al trabajo de una persona. La antigüedad en un puesto, por ejemplo, genera confianza; esta empresa te la está pagando y otra no lo haría. La experiencia que tienes tal vez es más valiosa para aquella empresa que está más lejos. Pero no estás dispuesta a mudarte. Otras empresas que has conocido no están dispuestas a pagar la antigüedad, porque no la tienes con ellos. Y tampoco la experiencia, porque no la valoran. En otras palabras, la buena noticia es que tu trabajo vale exactamente lo que la empresa te paga. Puedes dar más valor, pero te recomiendo que preguntes si les interesa, para poder cobrarlo después. O puedes intentar dar menos valor, corriendo el riesgo de perder tu empleo. Puedes quejarte y decir que mereces más, pero tienes que hacer algo al respecto si quieres cambiar la realidad.

*Las empresas pagan de acuerdo con el valor que perderían si no te tuvieran, no de acuerdo con lo que merezcas (o creas que mereces).*

## LAS EMPRESAS VAN A DESAPARECER

Mi tío Vittorio, alrededor de 1960, entró a trabajar en una gran corporación. Una de sus dudas era: "¿Cómo es el sistema de jubilación de esta empresa?". Tenía 22 años. Cuarenta años después, se jubiló allí.

A mí me parece absurdo estar tanto tiempo en el mismo trabajo. No quiero ni pensar lo que opinan las nuevas generaciones. Pasamos cada vez menos tiempo en cada empresa por dos motivos importantes:

**1.** Por un lado, aunque nuestra expectativa de vida crece, queremos pasarla mejor. Estamos menos tolerantes con lo que creemos que nos hace daño. Así, un millennial puede cambiar de carrera o de empresa 5 veces antes de los 25 años.

**2.** Por el otro, las empresas en sí van perdiendo sentido mucho más rápido. La tecnología puede convertir a un sector entero en obsoleto en muy poco tiempo o simplemente hacer que un jugador nuevo genere una disrupción que haga desaparecer algunas empresas del sector.

La primera reacción de las empresas a este último punto es la negación: Blockbuster pudo comprar Netflix pero prefirió no hacerlo, no los consideraba una amenaza. Kodak inventó la cámara digital pero prefirió no desarrollarla, le iba bien con los rollos tradicionales.

Con el tiempo, todos aprendemos. En lugar de negar los cambios, las empresas también reaccionan tratando de cambiar, de mejorar sus productos o servicios: hacen un celular más pequeño, un televisor más grande o le agregan una nueva función al procesador de textos.

Pero hay un problema: aunque los productos mejoren constantemente, la atracción que esa mejora genera en el consumidor suele ser decreciente. Cuando pasamos de la televisión en blanco y negro (sí, cuando yo era pequeño era así) al color, nos fascinó. Unas décadas después, pasamos del tubo de rayos catódicos, que hacía al aparato muy profundo, a tecnologías LED y LCD, mucho más finitos. Nuestras habitaciones se hicieron, de repente, más grandes. Y los televisores también. Pasamos

*Mientras la expectativa de vida humana crece, la de las empresas se acorta.*

de 20 pulgadas a 27, algunos llegamos a 55 o 65 pulgadas. El sueño del cine en casa se hizo realidad.

El problema es cómo seguimos. ¿Qué innovación puede ser tan relevante como la eliminación del tubo o pasar del blanco y negro al color? Y, peor todavía: ¿qué hacemos con todos los ingenieros que contratamos para ir mejorando el producto que nos hizo tan exitosos durante tantos años?

Esto pasa con los celulares, pasa con los autos, pasa con el software. Las empresas crecen en personal como si su demanda fuera a crecer siempre igual, sin percibir que todo tiene un límite. Sin entender que, como consumidores, llegaremos a un punto de saturación.

*Las empresas, que en nuestro imaginario son sólidas, son más frágiles que una vida humana.*

## CÓMO MATAR A UN DEMONIO

Vivimos un momento históricamente maravilloso. La amenaza constante que tienen las empresas genera, por un lado, su necesidad de reinventarse, de evolucionar. Pero, por el otro, abre oportunidades para los individuos, tanto para cambiar de posición en una empresa como para cambiar de empresa o crear la propia.

En mi opinión, las empresas deberían crearse siempre con un horizonte de 3 a 5 años. En otras palabras, después de ese tiempo la empresa debería cerrarse. Esta sería la oportunidad para decidir exactamente cómo seguir, si es que hay mercado para seguir.

**Si las empresas actúan de esa manera tendrán más presión para generar su mercado más rápido, pero también para entender que existen para mejorar la realidad, haciendo negocios en el camino.** Y que, cuando dejan de mejorar la realidad, ya no tienen sentido. Harán inversiones y contratarán gente con un horizonte bien determinado y, a los tres años, no será una sorpresa para nadie que la empresa deje de existir, será algo natural.

¿Cuándo va a pasar esto? No lo sé, es un análisis que hago pero, tal vez, nunca suceda. Sin embargo, tiene una consecuencia importante para las personas: debemos actuar como si la empresa fuera a cerrar en tres años, porque la probabilidad de que esto suceda crece con el tiempo.

Cada vez es
más probable que
las empresas cierren.
Debemos dejar
de depender de ellas.

# TRABAJO PARA MÍ

## 1

Toma una hoja en blanco. Dedícate entre 30 y
60 minutos a anotar ideas sobre qué cambiarías
en tu día a día si supieras que la empresa en la que
trabajas va a cerrar en tres años.

## 2

Cuando hayas terminado, pon música bien fuerte,
algo que te guste mucho, con energía. Eso cambiará
tu estado de ánimo. Siéntate de nuevo con esa hoja y
sigue agregando ideas, ¿qué harías?

## 3

Baja la música. Marca con un color las ideas que
de ninguna manera puedes hacer ahora, como, por
ejemplo, irte seis meses a la Polinesia.

## 4

Empieza a concretar las que quedaron sin marcar.
Es muy probable que la empresa en donde trabajes
cierre o cambie en los próximos tres años, y cuanto
mejor preparado/a estés, más feliz serás.

## 5

Guarda la lista. Actualízala con tus ideas cada seis meses, pero actúa rápidamente en el momento en el que las cosas se disparen.

## 6

Piensa en "las plantitas de Ernesto" del capítulo 2, en términos de opciones para trabajar. ¿No las tienes? Empieza ya a buscarlas. El trabajo que tienes ahora no es eterno. Es mejor tener alternativas y el control de la situación que dejarlas en manos de ese "demonio". Tener opciones de empleo, o saber lo difícil que es encontrarlas, nos ayudará a poner lo laboral en su lugar, dedicarle el tiempo que elegimos brindarle y minimizar las sorpresas.

# BIEN GRÁFICO

Nos sentimos, muchas veces, más "presos" que empleados, pero vamos aprendiendo que podemos ser protagonistas. Y también aprendemos a odiar menos a muchas muchas empresas.

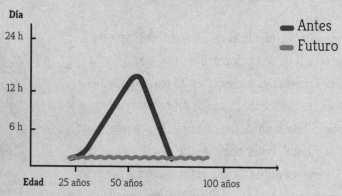

# EL DATO

Nuestra expectativa de vida sigue creciendo; ¡pobres las empresas que cada vez viven menos! Por eso es más probable que pasemos por más empresas en nuestra vida.

**34** Expectativa de vida en 1913

**75** Expectativa de vida en 2017

**67** Vida promedio de una empresa en 1920

**5** Vida promedio de una empresa en 2017

## Las empresas...

Dependiendo de cómo vemos las empresas es como nos conducimos dentro de ellas. Si cambiamos la forma de verlas, cambiaremos nuestra conducta y, por ende, nuestros resultados.

3274 respuestas

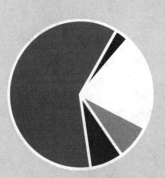

■ **60,7 %**
Son el instrumento para que la sociedad avance

■ **7,6 %**
Son un mal necesario

■ **7,6 %**
Todas las anteriores

■ **3,2 %**
Van a desaparecer

■ **20,9 %**
Ninguna de las anteriores

# CAPÍTULO 8

# Protagonistas o actores de reparto

"Se volcó solo", "Fue el viento", "El vaso se suicidó". La imaginación de los niños para evitar aceptar su responsabilidad cuando, aun sin querer, hacen lo que no deben es frondosa y natural.

Nacemos llorando, rogando por alimento y cariño. "El que no llora no mama", dice el viejo refrán. Mientras un potrillo se levanta y camina hacia su madre para amamantarse, un bebé humano es indefenso al nacer. Y seguirá necesitando ayuda por mucho tiempo.

A veces, demasiado.

¿Somos víctimas o protagonistas de nuestra vida? ¿Y si nos obligan? ¿De dónde vienen las comparaciones? ¿Son siempre malas? En definitiva, ¿quién maneja nuestro destino?

# ¿CONTROLAMOS NUESTRO DESTINO?

Un día empecé a pensar con seriedad si el destino está predeterminado o si tenemos influencia en él, tal como reflexionan desde hace milenios filósofos, religiosos y otros eruditos. Rápidamente descarté la idea de mi mente: "¿Qué tiene que ver esto conmigo, si yo solo quiero ser feliz en el trabajo?", sentencié.

Desde hace años trato de ser exitoso ayudando a otros a ser exitosos, pero si el futuro está escrito, ¿qué podemos cambiar? ¿Para qué hacer el esfuerzo de modificar nuestra conducta, nuestro entorno, nuestros pensamientos, si todo está predeterminado? Seguí por un tiempo esa línea de pensamiento, intenté estudiar lo que los expertos analizaron, participar de discusiones, aprender y entender.

Hasta que me cansé y tomé un camino mucho más pragmático: acepté que no voy a poder responder esa pregunta y elegí creer que tenemos el poder de cambiar nuestro destino, que el futuro no está escrito, sino que depende de algunos factores externos y, lo que es aún más importante, depende de nuestras decisiones. Con el tiempo y la práctica fui entendiendo el poder de esas decisiones.

Un día de 2009 conocí a Erik Weihenmayer, el atleta estadounidense que logró escalar las montañas más altas de cada continente, incluido el Monte Everest. Contó su experiencia, cómo se había preparado y su trabajo en equipo para cada uno de los objetivos. Compartió muchos

*Frente a toda situación tenemos opciones aunque, en un primer momento, no las contemplemos. Encontrarlas es buena parte de la solución.*

obstáculos y la manera en que, uno a uno, fue resolviéndolos. La historia era emocionante y, ya cerca del final, se inclinó para acariciar a su perro guía. Recién en ese momento me di cuenta de que Erik era ciego.

Ese día entendí realmente el poder que tenemos, comprendí que la manera en la que nos comportamos día a día y, sobre todo, la manera en que pensamos día a día tiene un impacto clave tanto en nuestras emociones como en nuestros resultados.

## LA REACCIÓN

Cierto día de abril de 2012 había comenzado mal. Un accidente en la carretera me había retrasado para una reunión importan-te y, al llegar, recibí un mail de John, mi jefe, con la misma pregunta que me había hecho el mes anterior. Como si jamás hubiera leído la larga explicación que, después de horas de preparación con mi equipo, le había mandado.

No podía creerlo. Para descargarme decidí compartirlo con mis reportes, quería que supieran que parte de mi trabajo era protegerlos de esas distracciones, hacerme cargo de los pedidos que les tomaban demasiado tiempo para que pudieran poner foco en otros trabajos. Escribí una línea con algo así: "No puedo creerlo, ni leyó el mail del mes pasado" y lo envié.

Me sentí un poco mejor. Pero, cinco minutos después, no había recibido ninguna respuesta ni

*Tendemos a responder cada vez más rápido. Para ser protagonistas debemos poner paz en nuestras respuestas.*

empatizando conmigo ni con mi jefe. Entonces me pregunté si estarían en la oficina.

Estaban. Pero no habían recibido mi mensaje.

En lugar de reenviarlo, había apretado el botón equivocado y le había enviado esa respuesta a mi jefe. Una crítica directa, ácida, poco constructiva. Me asusté. Pensé que se enojaría.

Por suerte no hablaba español o se hizo el distraído, pero la situación me hizo sufrir bastante.

Nacimos en un mundo en el que todo era más lento, y esto es válido desde siempre. Cada vez, las cosas son más rápidas. En el año 490 a. C., un soldado griego corrió 42 kilómetros para informar la victoria en una batalla. Así nació el concepto de maratón, una carrera de esa distancia. Dos mil años después, ese mensaje iría en un caballo o, tal vez, con una paloma mensajera. A principios del siglo XIX, podría haber llegado mucho más rápido en un mensaje telegráfico. Pasarían algunas décadas para que se inventara el teléfono.

Estos avances que se daban entre generaciones hoy son cada vez más rápidos. Es inevitable que nuestra vida transcurra con una tecnología más avanzada de la que existía cuando éramos pequeños, cuando absorbíamos más fácilmente el conocimiento y nos dedicábamos a aprender.

Estamos siempre desfasados con la tecnología o, más bien, atrasados. Esto genera ansiedad, la necesidad de ponernos al día, el automatismo de responder cada vez más rápido. ¿Es siempre necesario?

# ME OBLIGAN

"Me obligan a contestar mails los fines de semana", me dijo Néstor. "Me parece un abuso, me pagan por trabajar de lunes a viernes. Los sábados y domingos son para mi familia", completó, indignado.

Lo entendí rápidamente porque había estado en ese lugar unos años antes. Y, como en ese momento quería tomar las riendas de la situación que me molestaba, cuando me di cuenta me pregunté, "¿Qué puedo hacer yo al respecto?". Lo hablé con mi jefe y no sirvió para nada. Hasta que un día entendí que un mail no necesita ser respondido en el momento. Por algún motivo extraño sentimos una pregunta o comentario como algo pendiente, que nos tenemos que sacar de encima lo antes posible. Al comprender esto, a pesar de leer los mails los fines de semana, comencé a responderlos el lunes a la mañana. No pasó nada malo.

Conocí a Nahuel cuando me consultó cómo mejorar su currículum para encontrar un trabajo mejor. A sus 21 años, ya había estado en tres empresas. Estudiaba Administración y, como la mayoría de los jóvenes, cuando le pregunté: "¿Qué quieres ser cuando seas grande?", me respondió con seguridad: "Líder".

Ni lo miré. Simplemente me abracé como cuando uno tiene mucho frío, comencé a titiritar exageradamente y ante su perplejidad le dije: "Tengo mucho calor". Me relajé y le pregunté

*El currículum es lo que decimos, es el marketing de lo que hacemos. Pero el fondo, el contenido, es quiénes somos, qué aprendimos.*

a quién le creía, si al que le había dicho que tenía calor o al que mostró que tenía frío. "Al que mostró que tenía frío", me respondió y siguió: "Estabas titiritando, frotándote los brazos, claramente mentías con lo que decías".

"Nahuel, lo único que yo veo es a alguien muy ansioso que no sabe lo que quiere. ¿O acaso no había nada por mejorar en ninguna de esas tres empresas, o, al menos, algo para aprender quedándote un tiempo más? En lugar de trabajar tanto todo el tiempo para conseguir un nuevo trabajo, te propongo que pienses a fondo en dónde quieres estar por unos años, para que aproveches al máximo las oportunidades que tengas. Si vas a vivir cien años, ¿piensas, entonces, trabajar en ochenta empresas diferentes agregando valor en cada una?".

La misma ansiedad que mostramos al responder sin pensar demasiado en un mensaje la tenemos en nuestras carreras. ¡Hasta la palabra "carrera" nos da ansiedad!

Claro que la publicidad, ese invento humano para tratar de forzar conductas, es un factor fundamental en la ansiedad: "¡Llame ya!" resuena siempre en mi cabeza, con distintos tonos, volúmenes o intensidades.

Cada vez tenemos más tiempo, por un lado, porque la expectativa de vida humana tiende a aumentar (gracias a la ciencia y a las condiciones de vida) y, por el otro, porque cada vez necesitamos menos esfuerzo para satisfacer nuestras necesidades básicas (gracias a los mismos factores). Sin embargo, cada vez somos más ansiosos, queremos las cosas ya. ¡Ni siquiera la naturaleza logra ponerse al día con nosotros! La naturaleza, siendo tan sabia para encontrar soluciones evolutivas a infinidad de desafíos, no resuelve el dilema de tener más tiempo y más ansiedad. En consecuencia, la solución debe ser artificial, creada por el hombre.

En mi caso esa solución es la meditación. No soy un experto en el tema pero meditar es ese espacio que me dejo a lo largo del día para poder ver *the big picture*, para entender que nada es tan terrible ni tan bueno, para responder con más conciencia a los pedidos de otros, para tomar decisiones que realmente me hagan bien.

Creo que, con el tiempo, más y más personas entenderemos la importancia de, como dicen los que gustan del fútbol, "parar el balón", no dejarse llevar, hacer introspección. No hay una forma única, un estilo, una disciplina o una app perfecta para meditar. Cada uno debe encontrar su camino.

Dejarnos llevar por una situación que sabemos que nos hará daño es, aunque no lo admitamos, una decisión. Mala, pero decisión. Quizás podamos aprender a incorporar herramientas para tomar más decisiones que nos hagan bien.

## LA COMPARACIÓN

Uno de los principales motivos por los que las grandes empresas desaparecen es por obsesionarse con ser mayores que sus competidores. Así, tienen como objetivo maximizar su participación en el mercado. O incluso minimizar la de su competidor.

En 2017, Pepsi tenía el 8,4 % de participación en el mercado, mientras que Coca tenía el 17,8 %. ¿Qué te imaginas que preferiría Indra Nooyi, la CEO de PepsiCo entre estas dos opciones?

**1.** Aumentar la participación de las dos marcas un 10 %, pasando al 18,4 % y al 27,8 %, respectivamente, logrando que ambas ganen mucho más dinero y sean más sólidas.

**2.** Que ambas se reduzcan, pero Pepsi un 1 % y Coca un 10 %, de tal manera que su empresa sea mayor que su competidora.

Por la conducta habitual de empresas y líderes de negocios, estoy convencido de que la mayoría de la gente preferiría la segunda opción: perder mercado pero destruir al competidor, en lugar de que ambos crezcan. Claro, no lo aceptaría públicamente, pero sus decisiones mostrarían la verdad. Pepsi, como la mayoría de las personas y empresas, le da demasiado valor a la comparación.

En las redes sociales, a su vez, pasa algo muy interesante: todos, cada día, tenemos en promedio más seguidores en la red social de moda. Así, naturalmente la cantidad de "me gusta" o similares aumenta, simplemente porque más gente pasa más tiempo en determinada red social. Es algo bastante nuevo para que haya estudios científicos definitivos, pero aparentemente cada "me gusta" genera un poco de felicidad de corto plazo (a través de la dopamina, el neurotransmisor del placer, entre otras funciones), similar a la que sentimos cuando ganamos algo en un sorteo o en el casino.

Estos "me gusta" se van acumulando haciéndonos sentir importantes o queridos. Sin embargo, el crecimiento de la red social hace que nuestros contactos también tengan más "me gusta" en sus publicaciones. Por lo que, al mirarlas, dejamos de

*Preferimos ganar en un mundo peor que perder en un mundo mejor. Aun cuando no nos convenga.*

sentirnos tan queridos. Algunos seguramente dejarán de dar "me gusta" para recibirlos, como si solo esperaran recibir cariño de otros sin darlo en retribución, buscando crecer en comparación. Otros se cansarán de esa red social y buscarán "amor" en otra.

Algo parecido sucede a nivel macroeconómico: no puede existir un país sin pobreza. Si todos crecemos en cierta geografía, ganamos más, vivimos cada día mejor y pasamos esa línea imaginaria que determina quién es pobre y quién no, llevando la pobreza a cero, los economistas incorporarían un nuevo criterio para esa separación. Ya no es solo tener hogar, alimento y salud, también hace falta tener un teléfono celular para no ser pobre. Luego, conexión a internet, y así sucesivamente. La economía y la política necesitan gente a la que le vaya mal en términos relativos: a medida que la sociedad mejora, es inevitable que algunos lo hagan más rápido que otros, quedando también un grupo rezagado.

En los Juegos Olímpicos de Río de Janeiro 2016, la atleta Abbey D'Agostino se tropezó con otra corredora en los 5000 metros. Cuando se levantó, ayudó a Nikki Hamblin, su competidora, a seguir la carrera. La noticia fue tapa de varios medios, el video se hizo viral.

*Cuando alguien exhibe sus valores de una manera diferente a la mayoría, llama la atención.*

Cuando alguien puede destruir a otro y elige un camino distinto, es noticia. Simplemente porque estamos acostumbrados y educados con la idea de que ganar es lo único importante.

Desde pequeños recibimos mensajes en la línea de que hay que "ganarle a otro".

Desde las comparaciones que hacen nuestros padres, las exigencias escolares, las noticias en los medios hasta las películas y las redes sociales forman la idea de que la vida es una competencia contra los demás.

La comparación es tan fácil y tan dañina. Claro, nuestros padres, el sistema escolar, los medios, los políticos son todos culpables de que seamos "infelices por comparación".

## GANARLE, PERO A ALGUIEN MUY PARTICULAR

El camino, entonces, para dejar de compararnos con otros no es eliminar las comparaciones. Muchos dicen que "las comparaciones son odiosas", pero comparar es parte de ser humano. El camino es, a mi entender, compararnos con nosotros mismos; competir con nosotros mismos.

Está de moda la frase "sé tu mejor versión". Creo que es peligrosa, porque presupone que uno puede llegar a esa versión y quedarse allí. Como si Weihenmayer hubiera escalado el cerro Aconcagua y se hubiera sentado a disfrutar de "su mejor versión". Él siguió escalando, compartiendo su historia, inspirando.

El físico británico Stephen Hawking dijo algo maravilloso: "Tengo pruebas experimentales de que el viaje en el tiempo no es posible. Hice una fiesta para viajeros en el tiempo, pero solo envié las invitaciones tiempo después de la fiesta. Nadie vino". Más allá de si es posible o no, la solución a las comparaciones se basa en el viaje en el tiempo.

*Elegir objetivos imposibles es una forma de autoboicot.*

Cada día que pasa, aprendemos: estudiando, en acción o en quietud, teniendo éxito y, sobre todo, fallando. Ser mejor que ayer es casi una tautología, entonces, es algo automático. Pero podemos ser conscientes de ese proceso. Ahí está el valor.

"Sé mejor que ayer" nos deja espacio para seguir mejorando. El mundo no se construye con descubrimientos increíbles, revoluciones o cambios radicales. Todo es una secuencia de cambios pequeños. Hasta un terremoto se viene preparando durante siglos, como si fuera en cámara lenta, aunque no veamos los leves acomodamientos de las placas tectónicas. Lo que vemos como algo increíble en las noticias suele ser producto de esfuerzos pequeños, medianos y enormes a lo largo del tiempo. ¿O acaso un día apareció el *Homo sapiens* y desaparecieron sus antecesores? La evolución se dio a lo largo de millones de años.

De la misma manera, la sucesión diaria y disciplinada de pequeñas mejoras son las que generan esos cambios que vemos tan dramáticos desde fuera. Ser mejor que ayer deja espacio para seguir adelante. Sé mejor que ayer. Siempre.

## EL PODER DEL INTERÉS COMPUESTO

¿Te asusta el título de este apartado? Sí, me imagino. Espero convencerte en unos párrafos de que es extraordinario y clave para ser protagonista de tu vida.

¿Quieres que tu hijo sea millonario a los 58 años? Deposita, el día de su nacimiento, mil dólares en un banco que te pague el 1 % de interés por mes. No gastes ese dinero y enséñale a esperar.

Hay experimentos que demuestran que los niños con más capacidad de autocontrol son los más exitosos. Cuando tu hijo cumpla 58 años pueden celebrar, además de su cumpleaños, su primer millón de dólares. ¿Cómo lograrlo? Simplemente teniendo paciencia y disciplina para no tocar esos fondos y sabiendo que ese 1 % que recibimos el primer mes se unió a los mil dólares, con lo cual el segundo mes recibimos un 1 % sobre 1010 dólares, y así sucesivamente. Millonarios sin hacer nada.

Claro que no es tan simple. Conseguir el 1 % de renta por mes, sin correr riesgos, es casi imposible. Pero el interés compuesto, incluso con tasas menores y montos diferentes, es mucho más potente de lo que nos han enseñado en la escuela.

Su mayor potencia, sin embargo, radica en nuestro cerebro y experiencias. Imagina que podemos medir cuánto sabemos y nuestra capacidad de resolver desafíos. Es razonable pensar que esta variable, llamémosla "H", crece con nuestro aprendizaje, sea estudiando o a través de la experiencia. Una persona sabia es alguien con un "H" alto, y el solo transcurso del tiempo lo incrementa.

Pero ¿y si somos protagonistas de nuestro desarrollo? ¿Qué pasaría si elegimos, día a día, mejorar, formarnos, aprender? Si mejoramos solo un 1 % por mes, mucho más simple que con el capital, llegaremos a ser millonarios en términos de "H" a los 58 años. Pero, si tomamos todo nuestro día como una oportunidad de aprender, ¡esto será mucho más rápido!

*Puedes perder tu dinero, pueden robártelo, puede depreciarse la moneda, pero tus inversiones en conocimiento son mucho más sólidas.*

Te doy algunos ejemplos:

- Tienes que elegir entre dos opciones. Analiza cuál de ellas te dará más experiencia.

- Tienes miedo de encarar un proyecto porque puede fallar. Eso puede producir una caída en tu capital monetario, pero ¿has considerado el efecto positivo en tu "H"? Errar es la mejor forma de aprender.

- ¿Quieres hacer un curso pero es muy costoso? Compara costo contra "H" y será mucho más claro si vale la pena hacerlo o no.

- Tienes tiempo disponible y estás con ganas de ver un video, ¿cuál te aporta más "H"?

Si solo me hubieran explicado esto en la escuela, hubiera sido sabio y millonario antes de los 30.

## DECIDIR AHORA

Martha y Pedro son socios en su emprendimiento, en Lima, Perú. Trabajan juntos desde hace años, con una relación basada en la confianza y la complementariedad: se conocen desde la adolescencia y tienen intereses bien diferentes.

Desde su inicio, la compañía crecía con poco esfuerzo, pero en 2017 se encontraron frente a un dilema: Pedro, más ambicioso, quería duplicar el tamaño de la empresa rápidamente.

Esperaba ganar mucho más dinero y, sobre todo, reputación en el mercado. Quería ser reconocido.

Martha también era ambiciosa, pero de otra manera. Su objetivo era dar el mejor servicio, sorprender siempre a los clientes, que ellos mismos se encargaran de "vender" los servicios de la empresa.

Al principio chocaban en decisiones poco importantes, tales como la manera de atender el teléfono, alguna campaña de marketing que podía o no ser más agresiva, el banco con el que trabajaban.

Pero, poco a poco, las diferencias fueron creciendo. Cada uno tomaba las decisiones de acuerdo con sus objetivos. Cuando el otro se enteraba, se enojaba porque no entendía qué era lo que pasaba.

De a poco, esta empresa que era un ejemplo en el mercado, comenzó a hacer inversiones con préstamos que no podía pagar, dados los altos costos que tenía el servicio de excelente calidad que daban. Casi sin notarlo, el negocio fue empeorando y la relación de los dos socios, desgastándose.

Pedro y Martha olvidaron que tenían muchas oportunidades por delante, siempre que fueran coherentes, siempre que decidieran. Era mejor hacer cualquiera de las dos cosas, sea enfocarse en crecer o en ser increíblemente buenos, que tratar de hacer las dos al mismo tiempo.

**Siempre me costó tomar decisiones, pero sobre todo cuando implicaban a otros.** Así, a cada persona que quería ser jefe le advertí que no era fácil, que tendría que decidir, y que decidir es decirle sí a algo y no a otra opción. Tanto me costó decidir que, muchas veces, pospuse esa decisión por más tiempo del que debía.

Creo que los humanos dividimos nuestro tiempo en tres tipos de actividades: "pensar, hacer, sentir". Si crees que el orden es incorrecto y debería ser "sentir, pensar, hacer", estás en lo correcto. También si te parece que es mejor "hacer, pensar y sentir". Esto solo muestra cuáles son tus preferencias; a qué área le dedicas más tiempo.

Yo dedico más tiempo a "pensar", es algo natural, me sale fácil, me gusta. Es mi zona de confort. Por eso proactivamente trato de hacer y sentir, de decidir y conectarme con lo que siento.

Te doy la receta secreta para no equivocarte nunca. Recuerda esto: el "error" es una opinión y no un hecho, y depende del objetivo. Si tu objetivo es ser feliz y para eso tomas decisiones, no hay decisiones incorrectas. El error sería no tomarlas. **No decidir es una decisión que, muchas veces, implica posponer lo obvio.** Ante la duda, actúa. Siempre aprendes.

# EJERCICIOS

## 1

Consigue una libreta, una aplicación para tomar notas en el celular o en la computadora. Durante tres semanas, escribe al final del día laboral "cómo hoy fui mejor persona que ayer". ¿Qué aprendí? ¿A quién ayudé? ¿A quién felicité por mejorar? ¿Es el mundo un lugar mejor gracias a mis decisiones del día? ¿Y mi espacio de trabajo? No hace falta mucho detalle, ni que te preocupes por la ortografía o la semántica. Simplemente anota ideas. Esta técnica, llamada *journalling*, sirve para encontrar el tiempo de pensar y valorar, y poder recordar nuestros logros, porque nuestras fallas se recuerdan solas, ¿no?

## 2

¿Qué podré hacer mañana para ser mejor? A medida que tomes nota de los logros diarios, empezarás a ver oportunidades, cosas que te han servido y puedes repetir. Puedes hacer una segunda sección cada día con "Objetivos para mañana".

## 3

Es importante que este *journal* sea privado: no queremos las opiniones de los demás, ya tenemos bastantes. Ahora, queremos conectarnos con lo que pensamos, lo que nos hace bien y con el bien que hacemos por los demás. ¡Te vas a sorprender!

## 4

"¡Que *tengas* un lindo día!" tiene una diferencia fundamental con la frase "¡Que *te hagas* un lindo día!". Haz que hoy mismo sea un día mejor. Piensa unos segundos en algo bueno, pequeño, que puedas hacer por ti o por otros, ya mismo. Hazlo. Elige, una y otra vez, hacer de tu día un día lindo.

## 5

Busca algo de tu día a día laboral que te moleste. Coloca en tu agenda, en dos o tres semanas, la frase "Hoy elijo que no me moleste más". Tienes desde hoy hasta esa fecha para cambiarlo. Si no puedes cambiarlo, lo mejor es que lo aceptes como parte de tu realidad y no te quejes por eso. Esta es la piedra en el zapato con la que decides vivir.

# BIEN GRÁFICO

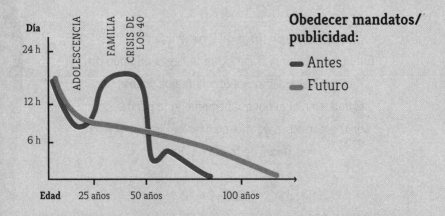

¿Quién toma las decisiones en nuestra vida? Cuando somos bebés no podemos tomarlas, y los adultos se encargan de elegir por nosotros. Pero, a medida que crecemos, vamos siendo más libres y también más responsables. Como se refleja en este gráfico, en el futuro seremos más y más protagonistas, siguiendo cada vez menos mandatos.

# EL DATO

## ¿Piensas ser mejor cada día?

2959 respuestas

■ **71,1 %**
Siempre

□ Casi nunca

■ **27,3 %**
A veces

■ Nunca

¿Realmente más de 2/3 de las personas pensarán diariamente en mejorar? A veces en las encuestas respondemos lo que creemos que es lo correcto. Ahora bien, si creemos que pensar todos los días en ser mejor es lo correcto, ¿qué falta para hacerlo? Primero, una decisión. Luego, disciplina.

# CAPÍTULO 9

# Quiero (más) dinero

"Tú puedes ser feliz porque tienes el dinero, ¡yo no tengo tiempo de serlo de tanto que trabajo para conseguirlo!".

Varias veces me han dicho esto. Tal vez no saben que a pesar de haber nacido en una familia de clase media, al independizarme tuve varios años muy ajustados económicamente, con deudas altas en mi tarjeta de crédito y en el banco. Mi familia estaba creciendo y hacíamos malabares para llegar a fin de mes. O tampoco conocen la historia de mi madre, que llegó a la Argentina escapando de los nazis a sus 4 años y a los 14 ya trabajaba para ayudar a la familia a subsistir.

El dinero suele ser una excusa para no ser felices en el trabajo. Por eso, además de entender cómo conducir nuestro día a día, crecer y desarrollarnos, es fundamental aprender ciertas cuestiones que no se enseñan en la escuela sobre nuestros ingresos, nuestros activos y otros "detalles".

Conozco gente multimillonaria infeliz, que cree que debe ganar más dinero para cambiar su estado. Y también conozco gente que apenas tiene para comer y que es feliz.

En mi experiencia, esta diferencia radica en dos claves. Por un lado, entender que la sociedad, la publicidad y hasta nuestro cerebro nos juegan trampas, nos hacen creer que necesitamos ciertas cosas para ser felices. Por el otro, muchas personas creen que merecen algo en particular simplemente por existir, que tienen derechos que deben ser cumplidos. Esa combinación casi diabólica nos lleva a "necesitar" algo que "merecemos", ¿qué injusticia mayor existe que quitarle a una persona algo que necesita y que además merece?

## EL PROBLEMA, RESUMIDO

"No me alcanza", "Gano poco", "Tengo que trabajar dos turnos" son todas variantes del mismo problema: queremos ganar más dinero. Sin embargo, en este capítulo te propongo otra forma de ver este tema.

Si tienes trabajo, es altamente probable que sea en una empresa que venda algo al público o en una que dé servicios a otra que venda algo al público. En definitiva, todas las empresas terminan, directa o indirectamente, dándole productos o servicios al consumidor final. Por eso, cuanto

El dinero es la principal excusa para no ser felices en el trabajo.

más consuma ese cliente, más venderá la compañía y, a los ojos capitalistas tradicionales, más exitosa será.

Así, las empresas tienen incentivos para empujarnos a gastar más. No solo incentivos; tienen gerentes, creativos y científicos dedicando toda su capacidad a convencerte, sin que te des cuenta, de que eres infeliz y que "ese producto" o "ese servicio" es lo que necesitas para dejar de serlo. Y te aseguro que lo hacen muy bien; son muchas personas muy inteligentes enfocadas en esto, la "publicidad".

El problema es que gastamos más de lo que podemos. Vas a vivir más de 100 años, ¿quieres ser millonario/a a los 30? ¿Tener un auto de lujo a los 27? ¿Y qué querrás a los 47? ¿Y a tus 92 años? Queremos gastar antes de tiempo.

*Cambia "necesito" por "quiero". Sé consciente de tus elecciones.*

Podríamos decir que todo se reduce a uno de los males de la sociedad moderna, un mal que empeora día a día, generación a generación, casi contagioso como un virus: la ansiedad. Queremos más y lo queremos ya.

## SOBRE LA AMBICIÓN

"Hace 10 años que trabaja con nosotros haciendo trámites en moto. No quiso hacer ningún curso, le damos trabajo de escritorio para que no tenga que salir a la calle todo el tiempo y no lo quiere. ¡No entiendo qué le pasa a Patricio!", me decían.

La verdad, yo tampoco lo entendía. A mis 37 años lo único que quería era tener oportunidades para crecer, para ser jefe, para hacerme cada vez más rico. Estaba obsesionado, al igual que la mayoría de la gente con la que trabajaba. Patricio era una anomalía en esa empresa, no era la regla.

Muchas veces en las empresas hay grupos de personas que se reúnen para tratar de ayudar a otro a mejorar, con una particularidad: se olvidan de que ese otro es, también, una persona, con discernimiento, valores y deseos.

Después de un tiempo de que, periódicamente, Patricio apareciera en nuestras charlas como "un problema que queremos resolver", se me ocurrió conversar con él. Cuando entraba o salía de la oficina nos saludábamos, pero realmente lo conocía poco.

En la reunión de equipo siguiente les conté que estaba doblemente contento. Había entendido que a Patricio el trabajo que a todos nosotros nos parecía insoportable le encantaba. Pero lo que era más importante, había aprendido algo de mí: cada persona tiene su modelo mental, su forma de ver las cosas. Lo que a uno le parece horrible a otro le puede parecer genial, y esto es maravilloso.

Con los años entendí algo más: la ambición en sí misma es muy dañina para la felicidad en el trabajo. En aquel momento, Patricio era feliz con poco, y yo, infeliz con mucho, porque miraba lo que me faltaba. La mitad del vaso vacío, podríamos decir, mientras él tenía su vaso lleno, y se le notaba en la sonrisa. ¿Qué importaba si el vaso era mucho más pequeño que el mío?

Después de tener conversaciones con cientos de personas que estaban paradas en el mismo lugar que yo, entendí que lo esencial del crecimiento es lo que esconde, el "para qué".

*Se puede ser infeliz con mucho y feliz con poco.*

Entonces me pregunté: "¿Quieres un sueldo mayor? ¿Qué esperas obtener en concreto: una casa más grande, un mejor colegio para tus hijos, dinero en el banco?". Hasta ahí era bastante fácil responder. El desafío era profundizar, preguntar "para qué" hasta agotar la situación.

Con el tiempo me mudé a una casa mucho más pequeña pero más llena de vida y me compré un auto menos llamativo con el que sufro menos cuando lo dejo en la calle. Lo único que no reduje fue mi inversión en viajar y otras experiencias, porque entendí que eso es lo que me da placer y me hace crecer al mismo tiempo.

Nuevamente la publicidad tiene parte de culpa en todo esto. Y los mandatos, que funcionan como una publicidad que hace efecto a largo plazo: "Debes tener un automóvil", "Cuánto más grande tu hogar, más exitoso eres", "Si no veraneas en tal playa, no eres parte de nosotros".

Todos estos mensajes creados para mostrarnos lo felices que seríamos si tuviéramos más, cuando no funcionan, nos dejan una sensación de vacío. Y lo peor es que cuando lo llenamos (cumplimos con la oferta publicitaria o con los mandatos), la satisfacción es momentánea. Algo parecido acontece con las propuestas de riqueza instantánea, cada vez más visibles gracias a las redes sociales:

- "Puedes ser millonario vendiendo este producto y consiguiendo que otros lo vendan; simplemente debes comprarme el kit inicial para ser feliz". Los esquemas multinivel o piramidales suelen ser beneficiosos para un grupo muy pequeño de personas, el inicial.

*Crece integralmente, no solo económicamente.*

- "Invierte en criptomonedas y hazte millonario". La mayoría de las criptomonedas creadas ya han desaparecido, mostrando que eran estafas o simplemente sueños.

- "¿Ves mi auto de lujo y mi casa con piscina? Puedes tener eso y mucho más, comprando mi curso "Cómo ser millonario". Si realmente fueras millonario, ¿harías un curso sobre cómo serlo?

¿Podemos ser menos ambiciosos? Sin duda. Por un lado, haciendo el ejercicio del "para qué" entenderemos exactamente qué queremos lograr, podremos revisarlo y hasta encontrar formas más simples de hacerlo.

¿Es la ambición inherente al ser humano? Yo me pregunto ¿cuándo nació la ambición? ¿En la era de las cavernas éramos ambiciosos o simplemente queríamos sobrevivir? Parecería que la ambición tiene que ver con la productividad, con el hecho de que el ser humano puede obtener más, entonces quiere más.

Cuando entendí a fondo este tema, empecé a replantear mi carrera. Eventualmente, dejé un puesto fantástico porque dejé de ambicionar dinero y pasé a ambicionar ayudar a otros. Cambié mi "para qué" y luego cambié mi día a día. Lo más interesante es que, al irme de la empresa en la que estaba, dejé espacio para que muchas otras personas crecieran y fueran un poco más felices logrando lo que querían. Es lo que yo llamo "la redistribución del trabajo", que genera un aumento de la felicidad.

*Parte de la base de que no mereces nada y debes esforzarte para obtenerlo.*

# CUANDO EL ORDEN
# DE LOS FACTORES
# ALTERA EL PRODUCTO

Todos queremos ahorrar, es casi una obviedad. "Tienes que pensar en el futuro", nos decían nuestros padres. Y hoy, con la expectativa de vida creciendo, es cada vez más válido.

Si queremos ahorrar, ¿por qué buena parte de la gente lo encuentra difícil o imposible?

La mayoría de las personas que conozco, incluso yo hasta hace pocos años, ahorran lo que pueden. Tienen un ingreso con el que pagan sus gastos: primero lo inevitable o más importante, como un alquiler, la cuota de medicina prepaga, la educación para los niños y lo básico de comida. Luego, otras cosas menos necesarias, como el esparcimiento o, tal vez, un viaje. Si sobra algo, lo ahorran. En otras palabras, la prioridad es el gasto y es mucho más importante que el ahorro. Entonces, el corto plazo se convierte en mucho más importante que el largo plazo.

*Si realmente quieres ahorrar, debe ser lo primero que hagas.*

Una forma en la que muchos ahorramos es con una hipoteca: compramos un lugar donde vivir más costoso de lo que podemos pagar, apostando a que en el futuro tendremos los ingresos para saldar esa deuda. De alguna manera es un ahorro forzado, es una forma de colocar el ahorro en el grupo de "gastos" prioritarios.

Cuando entendí esto decidí cambiar mi actitud. El largo plazo debía ser más importante de lo que yo lo consideraba, sin tener que forzarlo con una deuda. La solución: considerar el ahorro como uno de mis primeros "gastos", separando el dinero apenas lo recibo. Cuando tenía un sueldo lo que hacía era, en mi planilla de gastos mensuales (no olvides que soy economista), colocar, antes que nada, una columna que decía "Ahorro" y separaba ese dinero. Esa línea era tan sagrada como "Alquiler" o "Salud". Entonces, la variable de ajuste eran otros gastos, los de más abajo, los menos importantes.

Todavía no probé otras estrategias, estoy esperando que aparezcan en nuestros países apps que nos fuercen a ahorrar. Conozco dos tipos, las que separan de una cuenta "intocable" un monto diario automáticamente y las que se asocian a cierto tipo de gastos: por ejemplo, cada vez que compramos algo de ropa, separamos un 10 % de ese gasto para el largo plazo, llevándonos incluso a repensar ese gasto.

*Si te cuesta la disciplina de ahorrar, una hipoteca o una app específica pueden ayudarte.*

## ESAS TRAMPAS EN LAS QUE CAEMOS

Siempre debemos estar atentos a los cuatro errores más comunes que cometemos con el dinero.

• **Error uno:** el regalo
Creo que es el más habitual y que existe desde tiempos inmemoriales. Es pensar que alguien que no conocemos nos regala algo porque sí: la red social que nos da la posibilidad de estar

conectados, conversar, jugar o informarnos; el ministro de aquel país remoto que nos pide ayuda para recibir un millón de dólares o el regalo especial en una tienda.

El objetivo de toda empresa es ganar dinero y es algo que siempre persigue. Ninguna compañía regala nada: si algo parece un regalo, lo único que no sabes es cómo conjugar el tiempo verbal: te lo cobraron, te lo cobran o te lo cobrarán.

*Si no sabes cómo te cobran algo que tiene valor, presta atención: seguramente no te gustará saberlo.*

- **Error dos**: la emoción

Tenía un auto alemán hermoso, que me daba la compañía, cuando era gerente general. Al irme de la empresa quise comprar uno similar. Cuando supe cuánto costaba, me pareció absurdo. Obviamente hice una planilla estimando también todos los gastos y entendí que no tenía sentido económico ser dueño de un auto. Era más barato viajar siempre en taxi o similar, tenía menos sorpresas, menos capital inmovilizado y hasta podía ser más cómodo: ¡imagínate viajando siempre con chofer!

Finalmente me compré un auto. Pero lo hice por un factor un 100 % emocional: quiero sentir que está, que no dependo de otros o de la lluvia para poder ir a algún lado (imagino que en tu ciudad también desaparecen los taxis cuando llueve, ¿no?).

Algo parecido me pasaba con ser propietario del lugar en donde vivo. Me educaron con la idea de "invertir en ladrillos" siempre, y uno de mis primeros objetivos de adulto fue comprar una casa.

No fue una mala inversión, pero con el tiempo entendí que la decisión de comprar una propiedad y un lugar donde vivir deben separarse para encontrar la mejor solución. A partir de ese momento invierto en la propiedad que me parece mejor inversión y vivo en la que me parece mejor lugar para vivir. Hasta ahora, nunca fueron la misma.

Mucha gente sigue pensando que tiene que comprar el lugar en donde vivir, e incluso muchos Gobiernos tratan de favorecer esto. Entender que uno no es más por ser propietario de su hogar o no, que eso no nos define, fue clave para mejorar tanto mis finanzas como mis emociones.

De alguna manera, queremos comprar algo (un auto, una casa o un celular) para sentirnos mejor, pero lo hacemos sin ser conscientes de eso y tratamos de justificarlo económicamente.

Aceptar que lo hacemos por factores emocionales es esencial para tomar una decisión adecuada.

- **Error tres:** tiempo o dinero

El yogur casero me sale genial. Hasta aprendí a hacer la versión "griega", mucho más espesa. Las primeras veces que lo hice no podía creer por qué alguien compraría en el mercado algo tan fácil de preparar en casa y tanto más barato. Hasta que cierto día tuve que viajar para dar una conferencia y me olvidé el yogur fuera de la heladera. Dos días después estaba horrible. Había aprendido una lección.

Cuando compramos un producto, en realidad, estamos pagando el trabajo y el riesgo empresario de otros. Le pagamos a alguien que preparó los insumos y los colocó en una máquina, pero también a aquel que fabricó la máquina, al que la diseñó

*La mayoría de las decisiones que justificamos intelectualmente tienen un fuerte componente emocional.*

y al que corre el riesgo de que el yogur se pase. En definitiva, estamos pagando directa e indirectamente el tiempo de otros.

Podemos hacer yogur en casa. Requiere insumos baratos y nuestro tiempo. Claro que si tomamos en cuenta los insumos, prepararlo en casa es más económico. Pero ¿qué tiempo vale más, el de los que lo fabrican habitualmente o el nuestro? Esto depende de un factor clave: cuán ocupados estamos.

Si no tenemos nada que hacer, podemos comparar el costo de la leche, el cultivo y el calor contra el yogur comprado. Pero si, como seguramente es el caso, tenemos otras cosas que hacer que pueden agregarnos valor, debemos computar ese costo en la preparación del yogur. Al fin y al cabo, podemos cultivar o hacer nuestros alimentos pero preferimos tercerizar ese proceso. El esfuerzo es demasiado para hacerlo nosotros mismos.

En otras palabras, tu tiempo vale. Tu tiempo es dinero. Y el dinero compra tu tiempo o el de otros. En consecuencia, tiempo y dinero son, en la práctica, lo mismo. Simplemente, el dinero es la forma que usamos para intercambiar nuestro tiempo por el de otros.

¿Prefieres comprar en el mercado que está cerca de tu casa, aunque sea un poco más caro, que en el que está a dos kilómetros? Permítetelo, tu tiempo seguramente paga esa diferencia. Ahora, ¿lo que quieres comprar es un producto muy caro y, destinando media hora de viaje, puedes conseguirlo más barato? Tal vez te conviene ir, depende, nuevamente, del costo de oportunidad de tu tiempo. Entonces, ¿en qué ocuparías tu tiempo si no fueras?

*Cambiamos constantemente tiempo por dinero y viceversa.*

- **Error cuatro:** dinero fácil

Persona joven, hombre o mujer, en un barrio residencial lujoso, con un auto increíble detrás. El video está filmado por él/ella mismo/a, y allí muestra su éxito, sus bienes. "¿Quieres saber cómo lo hice? Es muy fácil, ¡Pregúntame cómo!", dice en cada reproducción.

"¿Quieres viajar por el mundo gratis mientras ganas dinero? ¿Sabías que puedes asociarte a la red líder de criptomonedas? ¿No tienes el conocimiento para operar en opciones de Bitcoin? ¡Nosotros te ayudamos!".

Periódicamente alguien me hace la misma pregunta: "¿Conoces la empresa XYZ? Me dicen que puedo ganar 20 000 dólares al mes con ellos".

Enseguida recuerdo un juego de mi infancia, al que llamábamos "el avión".

–¿Quieres subirte al avión? Por $10 te doy un asiento –decía uno de mis amigos.

–¿Y qué gano?

–Serás parte del avión, que ya es algo importante, y tendrás derecho a vender asientos por $10. Te quedarás con la mitad de todo lo que cobres.

¿Quién, como niño, no cayó una o dos veces en esta miniestafa? Seguramente pocos.

Mi primera recomendación es no creer ninguna promesa de ganancia exagerada. Si fuera real, ¿por qué la persona no la aprovecha? ¿O sus familiares, hijos, etc.?

Lo más importante es analizar dos aspectos:

**1)** ¿Comprarías el producto o servicio que se vende si estuviera en un negocio físico o en una tienda online? En otras palabras, ¿existe un producto con valor o simplemente venden "un asiento en un avión imaginario"?

**2)** ¿Qué porcentaje de la promesa de ingresos se logra por vender ese producto o servicio y cuál por conseguir más personas que lo hagan? En mi experiencia, si lo que proviene de reclutar personas es mayor de un 5 % o un 10 %, es un negocio irreal, finalmente una estafa.

Aquel supuesto millonario que te enseña a ser como él suele ser un fraude: vende cursos de cómo ganar dinero, en donde la conclusión es "vende cursos de cómo ganar dinero". Y no solo es una estafa, también es insostenible.

## CÓMO CUIDAR ESE DINERO

Ya pudimos ahorrar y evitar caer en las trampas que nos podrían hacer perder nuestro capital. Pero ¿cómo hacer entonces para invertir nuestro dinero y hacerlo crecer?

Si vamos al casino docenas de veces podemos estar seguros de que, a la larga, vamos a perder, ya que las estadísticas están a favor de "la casa". Todos somos iguales en juegos de azar. En cuanto a inversiones, en mi opinión (y experiencia) debemos enfocarnos en donde tengamos alguna ventaja comparativa contra la media de otras personas, algo que nos diferencie

*No existen las oportunidades de inversión increíbles.*

y permita, sobre esa base, "ganarle a la suerte". Por eso, nuevamente abordamos el tema de la diferenciación.

Este tipo de ventajas pueden ser:

- **Conocimiento:** el saber es poder. ¿Qué cosas sabemos que otros no? Por ejemplo, siempre trabajaste en cierta industria y eso te convierte en alguien que sabe más que la media. Seguramente tus inversiones en esa industria tienen más probabilidades de ser exitosas.

- **Relaciones:** tal vez conoces a alguien de confianza que puede ofrecerte una inversión, justamente, apoyado en esa seguridad. Recomiendo validar esta inversión contra el "Error cuatro", que vimos en este mismo capítulo.

- **Geografía:** quizás pasamos varias veces por el terreno de una esquina que está en venta. O un mercado cerca de nuestra casa busca un socio. Invertir geográficamente "cerca" nos permite controlar, saber más e incluso aportarle valor a esa inversión.

- **Interés:** hace unos años, un amigo me ofreció comprar parte del pase de un jugador de fútbol. Si yo hubiera sido fanático, seguramente hubiese valorado esa inversión mucho más. Ahora, si me ofrecía invertir en un negocio de alquiler de estudios de filmación, seguramente me hubiera encantado, dado que es algo que me interesaba y me sigue interesando.

- **Utilidad:** ¿y si es una inversión en un hotel en el que podría veranear? ¿O tal vez me sirve invertir allí para aprender e invertir mejor en el futuro? Quizás es una propiedad para alquilar, pero ¿podría vivir allí si todo sale mal?

- **Autodesarrollo:** a veces perdemos de vista que invertir en conocimiento, sea para nosotros u otros, es una inversión muy rentable. Desde mi punto de vista, las inversiones en conocimiento (cursos, certificaciones, congresos, etc.) deben ser estudiadas como cualquier otra inversión.

Todas las opciones son riesgosas, no lo olvidemos. Podemos creer que sabemos y estar equivocados, más aún con la velocidad de cambio en nuestro mundo actual. Mi recomendación es confiar en nuestras dudas, nuestros miedos, dejar que nos guíen para investigar, preguntar y saber más. Pero no dejemos que estos miedos nos paralicen.

*Invirtamos en aquello que conozcamos más que la media.*

# LA VIDA ES BELLA

Ya está científicamente comprobado que la sociedad moderna nos lleva a ser más ansiosos. Junto con un sinnúmero de beneficios, trae aparejado un bombardeo de impulsos que intentan convencernos de comprar, tener y gastar lo que sea.

Nuestros cuerpos y cerebros no están preparados para esto. La tecnología avanza muchísimo más rápido que la evolución que describió en el siglo XIX el científico Charles Darwin. De hecho, hay hasta quienes sostienen que la misma tecnología afecta negativamente esta selección natural.

"¿Qué podemos hacer?" es una pregunta que nos hacemos más y más. Soy tan experto en el tema como cualquier otro: a veces tengo más ansiedad de lo que me gustaría y sufro de migrañas desde hace más de 20 años. Migrañas que siempre creo haber solucionado, al menos, hasta el siguiente episodio.

En mi recorrido encontré algunas tácticas y técnicas para mejorar. Tal vez la de más impacto es vivir en el presente, de una manera consciente. Recuerdo como me reí cuando empecé a escuchar un audio de meditación para comer: "Mientras apoyas la comida en la lengua imagina su origen, tal vez una huerta verde, con un granjero con barba blanca, que trabaja lentamente, cosechando. Ahora, imagina el origen de ese origen, tal vez algún familiar de ese granjero haciendo un surco en la tierra, colocando con mucho amor una semilla, regándola y mirando, como si fuera algo mágico, pidiendo al cielo y esperando que crezca".

Recuerdo como me reí, pero también recuerdo como me relajó. La comida dejó de ser un insumo, algo necesario para seguir trabajando, y pasó a ser un momento por vivir, algo para disfrutar, bocado a bocado. **Como la vida, para disfrutar cada paso.**

Un descubrimiento importante para mis migrañas fue entender que hay distintos tipos de cansancio y que un día intenso de trabajo no implicaba para nada que mi cuerpo esté cansado. Así comencé a hacer ejercicio con regularidad.

Seguramente muchos sean indisciplinados como yo, para eso tengo un entrenador a quien le pago por asegurarse de que yo haga ejercicio. Me encantaría poder hacerlo solo, pero conozco mis limitaciones. No se puede luchar en todas las batallas.

Por último encontré algunos podcasts y videos preparados especialmente para meditar, incluso hay algunos que apuntan a temas puntuales: ansiedad, insomnio, tristeza, etc.

Disfrutar lo que tenemos, a cada instante, y estar presentes nos va a ayudar a no "necesitar" tanto de afuera.

# TRABAJO PARA MÍ

## 1

En una hoja (en papel o en la computadora), coloca un renglón por cada tipo de **ingreso** que tengas (salario, ganancia, intereses, etc.), un **subtotal de ingresos** y luego un renglón por cada **gasto** que tengas, con su respectivo **subtotal**. Completa la información para cada uno, correspondiente a los últimos 3 meses.

## 2

Apuesto a que no has incluido "Ahorro" como el primer gasto. Puedes releer este capítulo para entender por qué es importante ahorrar antes que gastar. Agrega un renglón de "Ahorro" e imagina cuál será en los próximos meses.

## 3

Mi recomendación es, en épocas buenas, ahorrar entre el 10 % y el 20 % del ingreso, para poder usarlo en épocas no tan buenas o para inversiones mayores. ¿Qué debes cambiar para lograrlo?

## 4

Analiza 3 inversiones similares (ya sea que puedas o no hacerlas) para el largo plazo: una pequeña inversión inmobiliaria (una cochera, por ejemplo), otra de un monto similar pero en educación (imagina un posgrado, evaluando el costo del curso y de tu tiempo; como los "yogures" que no harías) y una tercera que sea un proyecto de negocios. Necesitas estimar dos datos para cada una: la inversión a lo largo del tiempo y el retorno, que es lo que recibirás a cambio.

## 5

Por último, piensa el nivel de certeza de tu estimación: ¿qué tan probable es que cada uno de esos resultados sea cierto?

## 6

Haz una lista para los próximos 10 años de los ingresos y egresos de cada una de ellas, año a año. Recuerda que al final de la década tendrás, en dos de los tres casos (la inversión inmobiliaria y el proyecto de negocios), un activo que podrías vender y debes agregar ese valor. En mi experiencia, los resultados no deberían ser muy diferentes: no hay una de las tres inversiones que sea realmente mejor, y si lo parece, es porque es mucho más riesgosa.

## 7

Ahora piensa ¿para cuál de estas opciones soy mejor que la mayoría? ¿Soy genial estudiando y dando servicios? ¿Emprendiendo? ¿Puedo predecir las necesidades inmobiliarias futuras?

# BIEN GRÁFICO

Las generaciones anteriores trabajaban durante décadas con la esperanza de poder ser felices de viejos o, al menos, de que sus descendientes lo sean.

Somos sus descendientes y podemos ser felices desde mucho antes y por más tiempo. Simplemente tenemos que administrar mejor nuestros recursos y, sobre todo, nuestras necesidades.

# EL DATO

Es curioso que al encuestar a más de 3000 personas, poco más de la mitad sostengan que necesitan más dinero que tiempo: si para obtener más dinero trabajan más, automáticamente pasarán al otro lado, a los que necesitan más tiempo. Y estos, simplemente trabajando menos, pero eligiendo mejor en donde invertir sus horas (y cobrándolas más), pueden lograr el dinero que necesitan y recuperar el tiempo que habían invertido inicialmente.

## ¿Qué te hace más falta: dinero o tiempo?

3315 respuestas

■ **45,1 %**
Tiempo

■ **54,9 %**
Dinero

# CAPÍTULO 10

# El día después de mañana

—**P**ero, es mala suerte hablar de algo malo, como perder el empleo. ¿No podemos enfocarnos en lo bueno solamente?

Cada vez que escucho un comentario así, una parte de mí tiene ganas de seguir la corriente, hablar solamente de las cosas que consideramos positivas y, sobre todo, de las que suponemos que dan buena suerte.

Otra parte de mí, una más madura e inteligente, responde con seguridad:

—Si crees que perder tu empleo es malo y por eso ni siquiera lo piensas previamente, te garantizo que será malo. En cambio hablar de ello, prepararse, planificar puede convertir algo inevitable en un paso necesario para seguir creciendo.

Vas a quedarte sin empleo, tu compañía cerrará y tu ingreso mensual sufrirá un golpe. Y si eres emprendedor, no tengas dudas: un día, tu empresa también cerrará.

¿Es solo una hipótesis? Eso pensaba yo, hasta que sucedieron dos cosas importantes en mi carrera laboral: fui despedido y fui jefe. Dos veces me echaron de mi trabajo, mientras yo pensaba que hacía las cosas bien. Lo consideré injusto.

Años después fui jefe y entendí mejor. Aprendí lo difícil que es dar feedback, que la otra persona realmente cambie y, además, darnos cuenta de ello. Y también aprendí lo inexorable que son los factores externos, tales como la economía, el mercado, un competidor u otra sorpresa que no podamos controlar.

De hecho, con el cambio tecnológico estas sorpresas solo tienden a acelerarse. En otras palabras: vamos a perder nuestro empleo, solo que no sabemos cuándo ni cómo.

Es un tema delicado que, en mi experiencia, todos nos esforzamos por ignorar. En este capítulo, con el cuidado que merece, voy a tratar de ayudarte a que estés preparado/a para el momento en el que te vayas de ese puesto, la empresa cierre o te despidan, ya que, cada vez más, los puestos y las empresas tienen una vida más corta que las personas.

*La tecnología siempre triunfa.*

## LA SORPRESA QUE NO ES UNA SORPRESA

El principal desafío urbano hacia fines de siglo XIX en Nueva York eran las heces de los 100 000 caballos que trabajaban

12 horas por día como transporte; más de 1 millón de kilogramos diarios.

Y no era el problema de una sola ciudad. En un artículo en el diario *The Times* de Londres, en 1894, el autor estimaba que 50 años después la ciudad estaría enterrada bajo 4 metros de estiércol. En mayor o menor medida, todas las ciudades tenían el mismo problema.

En 1898 convocaron a la primera Convención de Planeamiento Urbano en Nueva York, un evento de 10 días que, a los 3 fue suspendido. Determinaron que no había solución al problema generado por los caballos.

Hasta que varios emprendedores iniciaron una revolución. El más conocido de ellos, Henry Ford, a quien te he mencionado anteriormente, fue un visionario en la industria automotriz. Y, como nota al margen, si te sorprende leer que Ford era un emprendedor, nunca olvides que toda gran empresa fue pequeña al comenzar.

Durante los primeros años del siglo XX, la tecnología resolvió el problema y, en el camino, dejó sin empleo a cientos de miles de caballos (que, por suerte, se liberaron de esa carga) y a sus conductores en todo el mundo.

¿Qué habrán pensado esos conductores de caballos apenas vieron un vehículo? "No entiendo", "Esto nunca funcionará", "Es magia", "Es solo para millonarios", "La gente necesita el contacto humano", etc.

Volvamos rápidamente al presente con esas frases en mente: ¿a qué le decimos eso mismo? ¿A una app nueva? ¿A un

*La tecnología tiende a mejorar la situación de toda la sociedad pero empeorando transitoriamente la de un grupo pequeño.*

loco que quiere ir a Marte? ¿A una empresa que quiere conectar a 7500 millones de personas? ¿A una caja de autoservicio en el supermercado?

Un empleado pudo haber hecho un trabajo fantástico en una empresa como Blockbuster (de alquiler de películas en VHS y luego en DVD) o pudo haber sido genial desarrollando cámaras de fotos en una compañía como Kodak (el inventor de la cámara digital que no quiso desarrollarla para no lastimar su negocio tradicional) o haber sido el mejor trabajando en un diario en papel. Pero esas empresas desaparecieron o están en proceso de desaparecer.

Hoy podemos estar trabajando mal en una empresa con mucho futuro, aunque sin darnos cuenta. Tal vez nos cuesta escuchar, tal vez a nuestro jefe le cuesta ayudarnos a mejorar. Quizás, las tareas cambiaron y nos es difícil manejar una herramienta nueva; más difícil que a otros. O también podemos tener una performance excelente en una empresa en crecimiento, pero mal administrada. O algo inesperado puede suceder. Sea por lo que fuere, prepararnos para una sorpresa, automáticamente, reduce la sorpresa.

*Si no estás pensando cómo reinventar tu trabajo, alguien lo estará pensando por ti.*

## NOTIFICACIÓN Y DUELO

El dueño del diario trató de endulzarme. "Puedes seguir escribiendo y te pagaremos por las notas que aceptemos", me dijo enfocándose en lo positivo. "¿Por qué no me dice que no tengo pasta de periodista, de una vez por todas, y que me está echando?", pensaba yo. Estaba enojado y creo que se me notó en el rostro. Era la segunda vez en poco tiempo que me despedían y no podía creerlo.

Unos meses antes, un político para el que había trabajado me explicó, después de no pagarme el sueldo por dos meses, que no había más dinero. Con cara de piedra, se quedó callado, mirándome. Yo, estoico, trataba de entender qué implicaba perder uno de los dos empleos que tenía en ese momento. Me divertía haciendo consultoría económico-política y me puse triste por no ir más a la oficina. Entonces, me quedé pensando por un momento: "¿Por qué no lo echaron al otro?".

Tenía dos empleos en paralelo, consultor y periodista. Y, también en paralelo, los perdí.

Dicen que los hombres no lloran. Mentira. Todos lloramos.

Y perder un empleo o dejarlo no deja de sentirse como un vacío de algo que teníamos. Nos gustara o no, una parte nuestra, aquella que prefiere las malas certezas, se sentirá triste. Y ese sentimiento tendrá que ser recorrido, tarde o temprano. Porque, desde mi punto de vista, basado solo en mi experiencia, el duelo, aunque no lo sintamos, siempre está.

Mejor hacerlo ahora, entonces. Es el momento ideal.

Algunas personas encuentran rápidamente un reemplazo, algo que llena ese vacío, y saltean la etapa de duelo. Otras se enfocan en lo positivo, piensan que es una oportunidad de crecimiento. Genial, excelente actitud, pero solo después de sentir tristeza por la pérdida.

Una vez que hayamos secado ese flujo de lágrimas inicial,

*Toda pérdida debe llorarse.*

cascada incontenible que pudo durar minutos o días, nuestro estado de ánimo cambiará. Solo entonces pasaremos ese "pozo" de tristeza para entrar en un estado un poco más sostenible. Tristes, pero aceptando la nueva realidad.

# RECONOCER LO BUENO

Todo, absolutamente todo lo que hacemos nos prepara para nuestro próximo paso. Aún las situaciones más desagradables nos hacen más fuertes, sabios y nos enseñan.

Para aprovechar al máximo nuestro último trabajo y este proceso que estamos transitando, es muy importante reconocer todo lo bueno que nos dejó. Sabiendo que algo que, en apariencia es malo, también es bueno. Por ejemplo:

- Construimos relaciones con pares a los que es importante agradecerles su paciencia, compañía, bromas y buen humor, y con los que posiblemente mantendremos vínculos en el futuro.

- Tuvimos jefes que, incluso no gustándonos, nos han ayudado. Tal vez con sus palabras, con su ejemplo o todo lo contrario, nos mostraron cómo queremos (o no) ser. Es fundamental agradecerles también: han hecho lo que podían, son humanos y debemos respetarlos. No es momento de criticar ni de hacer sugerencias, excepto que nos las pidan abiertamente.

*Todo pérdida es, eventualmente, para mejor.*

- Llevado al extremo, tal vez un jefe decidió dejarnos sin empleo. Yo elijo no tomar nada como personal y simplemente entender que había cosas que no sabíamos o que no nos explicamos. O tal vez no éramos la persona adecuada para ese momento de la empresa. Pensar cosas como "Me echó porque me odiaba" son trampas que nos hacemos para culpar a otro y no aprender. ¿Qué puedes aprender, entonces, de ese exjefe? ¿Te animas a agradecerle eso?

- En buena parte de los puestos que tenemos en las empresas e incluso emprendiendo, tenemos la oportunidad de interactuar con clientes o proveedores. Por una cuestión de humanidad o, simplemente, por la posibilidad de volver a trabajar con ellos en el futuro, es bueno que les demos nuestro reconocimiento. Busquemos lo positivo y despidámonos con generosidad.

- Por último, debemos ser compasivos y humanos con nosotros mismos. Lo hecho hecho está. Hicimos esfuerzos y dedicamos tiempo. No ocultemos lo sucedido: hemos hecho lo que podíamos. Como prácticamente todo en la vida, no fue ni perfectamente bueno ni perfectamente malo, sino un hermoso gris en donde aprendimos más de las cosas que fallaron que de los aciertos, de donde salimos más sólidos y preparados para nuestro próximo desafío.

Hay estudios que sostienen que uno demora entre 6 y 12 meses en ser excelente en un puesto y luego, durante dos años, implementa mejoras. A partir del tercero o cuarto, ya se estabiliza o, visto desde otro punto, deja de agregar valor. Las tareas se vuelven repetitivas, y la persona se siente menos útil. Si te echan el primer año, podemos verlo como que no eras la persona adecuada para el puesto o el puesto adecuado para ti. Si esto sucede luego del tercer año, tal vez te están haciendo un favor, que solo reconocerás tiempo después.

## EL AJUSTE

Sin importar cuál es tu ingreso actual, lo ideal es gastar entre el 50 % y el 80 % para poder ahorrar entre el 50 % y el 20 % de lo que recibes periódicamente. Me podrás decir que no es fácil. Sin embargo, es simplemente una decisión, como vimos en los capítulos anteriores. Más aún, imaginemos que nos dan un aumento, ¿por qué gastamos más cuando nos ingresa más dinero? No debería ser automático y la forma de poder elegir es ahorrando.

–¿¡Pero qué tiene que ver esto conmigo, que me quedé sin empleo!?

–Esperaba esa pregunta. Tengas o no ahorros es importante revisar, rápidamente, tu ecuación de ingresos y egresos. Si venías gastando menos de lo que ganabas, será mucho más fácil. Pero, en cualquier caso, siempre recomiendo asumir que esta situación de desempleo puede durar más de lo que crees y hacer un ajuste inicial más fuerte para poder ahorrar.

Imagina lo siguiente: eres periodista de un canal de televisión desde hace dos décadas y conoces todos los gajes del oficio.

*Nada es para siempre. Y menos tu trabajo.*

En 2006 se lanza Twitter y haces una nota al respecto unos años después, cuando comienzas a utilizarlo.

A medida que pasa el tiempo, va mutando el uso que le damos a cada red social, y Twitter, 10 años más adelante, es el "lugar" en el que entras todas las mañanas a informarte. Sin darte cuenta, dejas de comprar el diario, de escuchar la radio, de ver las noticias. Sin darte cuenta, incluso, de que prestarles atención a otros medios era lo que pagaba tu sueldo. Ya es tarde, aunque te prendas a la televisión por horas, el mundo cambió. Tú cambiaste con el mundo y ni lo notaste.

Los empleos, que antes imaginábamos para siempre, son cada vez más efímeros y todavía no nos acostumbramos a ello. Por eso debemos, como hábito, gastar menos de lo que ingresa para poder gastar más cuando no tengamos ingreso porque lo más probable es que, en algún momento, esto suceda. El ahorro se vuelve tan importante que ya no es "ahorro lo que no gasto", sino "gasto lo que no ahorro".

*Es mejor sobrerreaccionar al inicio y no tener que ajustarnos un poco cada mes, desangrándonos.*

## SIEMPRE EN MARCHA

Recuerdo cuando Julia, de veintitantos años, me dijo muy preocupada algo que muchas veces escucho: "No sé qué hacer, estoy paralizada. Tengo todas estas opciones y no sé cuál elegir, a qué dedicarle tiempo".

Después de conversar unos minutos llegamos a la conclusión de que en realidad Julia no estaba trabada: simplemente le faltaba experiencia. Cuando nos falte saber más para poder tomar una decisión, lo que tenemos que hacer es buscar esa experiencia.

Aquello que nos inquieta no se destraba por arte de magia, se libera por la acción: cualquier acción es mejor que ninguna. Al actuar, al probar diferentes estrategias, al moverse de distintas maneras, Julia pudo entender en dónde se sentía más cómoda, qué le gustaba más y qué le daba más resultado.

En principio, tomó un trabajo con un sueldo aceptable pero muy lejos de donde vivía, y duró solamente unas semanas. No quería pasar 3 horas diarias viajando y no lo supo hasta no probarlo. Finalmente, comenzó en otro bastante más cerca de su casa, con menor sueldo, pero con una flexibilidad que le daba felicidad y libertad.

En la actualidad, la expectativa media de vida es de 76 años. Y, con los avances de la ciencia, ese número se extenderá. Además de incluir países muy pobres, guerras y otros factores, ese promedio tiene que ver con la expectativa al nacer. Para alguien de tu edad (sea la que sea), la expectativa media es mayor y creciente. En otras palabras, no solo la vida continúa: es probable que continúe por mucho tiempo más.

Es importante, entonces, que te mantengas en marcha, que sigas adelante a pesar de los obstáculos y desafíos, aun cuando parezca imposible. Se puede. Siempre se puede.

Todos podemos estar un día deprimidos, sufrir, llorar, enojarnos, gritar y hasta romper nuestro teléfono celular. Pero nuevamente seguimos adelante, siempre buscando.

*No estás trabado/a, te falta experiencia.*

A veces, encontraremos lo que buscamos en el lugar menos pensado. Otras, descubriremos que la búsqueda es más agradable de lo que creíamos. En el camino podremos reinventarnos una y otra vez, reconectarnos con nuestros seres queridos y hasta descubrir nuevos compañeros de viaje. Pero lo importante es que, en todo este trayecto, nunca dejes de aprender.

# CUÁNTO VALES

Me parece importante para nuestras carreras entender que es muy difícil medir el valor del trabajo de una persona. De hecho, el valor de cada persona es diferente para distintas situaciones y distintas mediciones, distintos proyectos y distintas empresas.

Pero hay algo para mí fundamental, que es que cuando no sabes el valor de algo, lo que vale es lo que la gente cree. Entonces si tú no sabes cuánto vales, vales lo que crees que otros te dicen que vales.

Como primer paso para ser valioso/a para otros, debes ser valioso/a para ti. ¿Cómo lo haces? Tienes que construir tu autoimagen de valor. Tienes que nutrirte, formarte, ser cada día un poquito mejor. No tu mejor versión, simplemente cada día mejor que ayer.

Demasiadas personas creen que hacer un curso, obtener un título o hacer algún tipo de capacitación o actualización laboral los hace más valiosos automáticamente y que con ello "merecen" más.

*Súmate valor, siéntete valioso/a y serás valorado/a.*

Pero puedo decirte que como emprendedor, o tal vez dueño o gerente, en sí eso no me interesa. Solo quiero saber cómo puedes ayudarme a mejorar mi negocio. No digo que esos méritos no valgan, de hecho, fomento el aprendizaje continuo en otros capítulos. Lo que sostengo es que esos méritos valen distinto para cada contraparte y no dependen del mérito en sí, sino de algo más.

El aprendizaje más importante que puedo darte al respecto es que, cuando te quieren pagar menos de lo que crees que vale tu trabajo, no debes tomarlo como un insulto. En realidad, sabes que no has mostrado todo el valor que crees tener. Entonces, explicando con más detalle por qué la otra persona, empresa u organización va a ser mucho más exitosa contigo, lograrás convencerlos de que te paguen mejor. O te darás cuenta de que, en realidad, no vales tanto para ellos. Nos pasa a todos.

*Siempre hay alguien para quien tienes más valor; debes buscarlo.*

## EL DÍA UNO

Vuelvo a aprovechar algo que aprendí de Jeff Bezos, fundador de Amazon: "Todos los días son el día uno". Él sostiene que esa debe ser nuestra actitud, y eso implica mantener el entusiasmo, la curiosidad y la humildad de nuestro primer día en el empleo, todos los días. El día dos, sostiene, paramos y ya no hacemos nada.

Esta actitud, que nos lleva a dar un poco más cada día, también nos recuerda el momento en el que formalmente ingresamos en una empresa o proyecto. Seguramente nos despertamos, nos cepillamos los dientes, nos vestimos, desayunamos, estábamos ansiosos, con ganas de llegar, de aprender y de aportar. Teníamos también un poco de miedo y dudas, pero se irían disipando en el segundo "día uno", y más en el tercero y así sucesivamente.

Conectarnos con esta actitud nos hará más felices en el trabajo y nos hará darle más valor también. **Y, lo que es aún más importante, nos preparará, porque un día será nuestro "día uno" en otra empresa o como emprendedores. O nuestro "día uno" desempleados.**

Quizás te estés preguntando por qué es importante dar un poco más cada día, tomar cada jornada como el "día uno". Tal vez estás pensando: "Leo es de la patronal, le gusta aprovecharse de la plusvalía". Tal vez un día publique un libro entero sobre por qué creo que la plusvalía (la ganancia del empresario), como la definió el filósofo y economista Karl Marx, tiende a cero con el cambio tecnológico. Pero mi idea del "día uno" no tiene que ver con ello.

Mi concepto es simple, también económico: el beneficio (llamémoslo "ingreso") de dar un poco más cada día es notable para el individuo. Sí, también la empresa y el equipo se favorecen, y es verdad que a veces otros se benefician más que la persona en cuestión. Pero si nos enfocamos en nosotros mismos, dar más es beneficioso.

Además, el costo es casi cero. Podemos estar en la oficina ocho horas leyendo el diario (si alguien lo comprara) o mirando redes sociales, o agregar valor. Apuesto a que si tomamos esta última opción, saldremos menos cansados, más entusiasmados, sintiéndonos mejor.

En otras palabras, ¿cuál es la definición de un negocio exitoso? Cuando el ingreso menos el costo es mayor de cero, dar un poco más cada día es un excelente negocio.

Prepárate para
que falle,
para que no falle.

# TRABAJO PARA MÍ

## 1

En una hoja en blanco o en la computadora, dibuja una grilla con los días de semana laborales y sus respectivos horarios. Puede ser de lunes a viernes, de 9 a 18 horas, por ejemplo. Agrega, por si acaso, 2 horas diarias más, en donde prefieras. Haz tres copias de esta hoja.

## 2

Necesitarás una hora para este trabajo, así que busca un lugar tranquilo para pensar. La primera parte, más fácil, consiste en marcar en una hoja tus horarios actuales de trabajo. Si tienes rutinas, aclárarlas. Por ejemplo: revisar mensajes, atender al público, etc.

## 3

En la segunda hoja, haz el mismo ejercicio pero asumiendo que no tienes trabajo. Si tuvieras que dedicarle el mismo tiempo de la hoja anterior a buscarlo, ¿cómo lo distribuirías?

## 4

Y en la tercera, haz un supuesto más agresivo: debes inventar tu propio trabajo. Serás emprendedor, cuentapropista, profesional independiente, lo que creas posible. Diseña en esa hoja tu agenda semanal para los primeros meses, dedicando una parte del tiempo a conseguir clientes, otra parte a seguir aprendiendo y una tercera a dar servicios.

## 5

Guarda estas tres hojas para revisarlas periódicamente. O, si es momento de un cambio, ponte en marcha para hacerlo realidad.

# BIEN GRÁFICO

"Trabajo de por vida" era un concepto habitual en el siglo XX. Entrábamos a una empresa y nos quedábamos hasta jubilarnos, porque lo que hacíamos no cambiaba mucho y la empresa tampoco.

En el siglo XXI esto se modificó radicalmente. Las empresas aparecen y desaparecen mucho más rápido. El trabajo "de por vida" ya no es posible porque nuestra vida, además, se hace cada vez más larga.

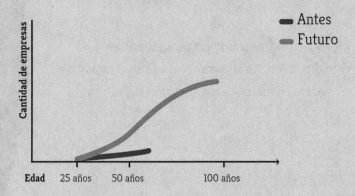

# EL DATO

Aunque a la gente le cuesta, incluso en encuestas anónimas, admitir que fue desvinculada de un empleo, a casi el 40 % de la muestra le sucedió. Considero que esto seguirá aumentando con el tiempo, por lo que debemos dar lo mejor de nosotros en las empresas para que no suceda, pero también estar preparados en caso de que ocurra.

## ¿Alguna vez te echaron de tu trabajo?

3321 respuestas

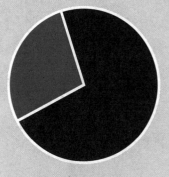

■ **62,1 %**
No

■ **37,9 %**
Sí

# UN EPÍLOGO DIFERENTE

Espero que *Ahora te puedes marchar... o no* haya sido el inicio de un cambio positivo en tu mundo laboral.

Puedes volver a este libro todas las veces que quieras para revisar conceptos, releer tus propias respuestas, rehacer actividades o abrirlo en cualquier página para leer las frases de los márgenes. Estoy seguro de que un nuevo acercamiento a este contenido te aportará diferentes respuestas.

Para finalizar, me gustaría proponerte que hagamos un viaje en el tiempo. Sí, ya sé que es un viaje que todavía no existe, pero es una fantástica herramienta para analizar situaciones, aprender y crecer.

Desde mi última reinvención (última, hasta ahora) me pregunto si, en el camino personal y laboral, podría haber sufrido menos y disfrutado más. Para poder entenderlo mejor, hice una investigación preguntándoles a cientos de personas de entre 25 y 70 años "si pudieras viajar en el tiempo, ¿qué te gustaría decirle a tu yo de 18 años?".

La primera reacción para algunos fue, "¡Qué pregunta absurda!". Superada esa sensación, muchísimos lo pensaron y respondieron a conciencia. Las respuestas, que al principio parecían supervariadas, terminaron resumiéndose en 10 ideas. Y, cuando las estudié a fondo, me di cuenta de que coincidía con todas.

¡Alto! Antes de continuar, si tienes más de 18 años, imagínate la situación: entras a una de esas máquinas para viajar en el tiempo de las películas y series, y marcas exactamente el día posterior a tu cumpleaños 18 (no queremos arruinar los festejos, claro). Llegas, te ves durmiendo y puedes escribir hasta 3 frases en una pizarra que verás al despertar. ¿Qué escribirías para que tu yo de 18 años se quede pensando? ¿Te enfocarías en lo laboral, en la familia, en otra cosa? ¿Sería algo superimportante, de gran impacto por única vez? ¿O quizás algo pequeño, para todos los días, cuya huella se notará a lo largo del tiempo?

A continuación, te cuento los 10 conceptos que resumen cientos de respuestas sobre el tema:

# 1. DISFRUTA DE TODO LO QUE HAGAS, RESPETANDO TUS VALORES

Algo fundamental que aprendí es a encontrar lo positivo en todo. Entendí que una situación, aunque parezca negativa, me hace más fuerte, más sabio y que, probablemente, la voy aprovechar en el futuro. También aprendí que hay límites que a veces pienso seriamente en cruzar, como me pasó hace unos años:

"Así, como está hecha la ley, si les hago un juicio me quedo con toda la empresa. No pueden defenderse", dije. Mi amigo Santiago siempre me escucha atentamente y suele darme un punto de vista interesante. "Si ganas ese juicio y te quedas con todo, ¿vas a sentirte orgulloso de haberlo hecho?", me preguntó. Y lo que más me impactó fue la siguiente frase: "No suena a lo que harías".

Lo que vas a hacer, ¿parece algo que tú harías? Es una excelente pregunta para validar tu coherencia y que no estás yendo en contra de ideas que son importantes para ti ni en contra de tus valores. **La felicidad no es el fin, es el camino.**

## 2. SÉ VALIENTE AUNQUE LO QUE QUIERAS SEA DISTINTO A LA MAYORÍA. Y, SOBRE TODO, SI ES DISTINTO

¿Notaste que todos en tu lugar de trabajo, todos, tienden a vestirse de la misma manera? Mira alrededor, seguramente te va a llamar la atención alguna persona, porque es diferente visualmente. ¿Quién es más valiente?

Durante toda mi infancia y adolescencia traté de ser uno más y, si resaltaba, lo hacía por ser el mejor, de acuerdo con parámetros de otros (los profesores, por ejemplo). Pensé que de adulto había logrado mi individualidad, hasta que me observé en mi carrera, tan igual a miles de carreras de otras personas; y lo mismo en otros aspectos de mi vida. Hasta me vestía como casi todos.

Hoy, cada vez que noto esa homogeneidad, dudo: ¿estaré haciendo lo que quiero o hago lo que creo que debo hacer? Y esta es una pregunta que me hubiera ayudado mucho a conocerme a mis 18 años.

Creo que cada individuo debe buscar sus propios límites y, para eso, tiene que expandirse hasta cruzarlos. **Si somos todos uniformes, tendremos vidas uniformes. Extraordinario es apenas más que ordinario.**

La clave es, para mí, entender que debemos equivocarnos y aprender. Como alguna vez dijo Michael Jordan, el famoso basquetbolista: "Fallé una y otra vez, por eso tuve éxito". Porque el error no es lo opuesto al éxito, es parte de él.

## 3. ENCUENTRA LO QUE TE GUSTA Y TRATA DE GANAR DINERO CON ELLO

Tendrás que trabajar para mantenerte, pero no dejes de investigar, de probar, de aprender. Hay gente que juega al tenis o a un videojuego, ¡y le pagan por ello! El mundo está cambiando, ¿quién supones que crea las profesiones del futuro? ¿Un científico en una torre de cristal? ¿Una empresa que inventa un puesto y busca alguien para que lo cubra? No, los trabajos y posiciones nuevas nacen sin nombre, nacen dando valor. El nombre del puesto ("Jugador profesional de Fortnite", "Experto en tours fotográficos con celular", "Gastrónomo molecular") viene después. Entonces, ¿por qué no pensar que eso que te encanta, algún día, sea una profesión? **Si hacemos algo que da valor, encontraremos una forma de ganar dinero.**

## 4. VETE Y PERMÍTETE NO VOLVER

Mi generación viajó más que la de mis padres, que viajaron más que mis abuelos. Y esto probablemente sea verdad siempre, hasta que un día vivamos viajando. Viajar es una de las pocas formas en las que gastamos dinero en algo que nadie puede quitarnos. Es una excelente inversión.

De todas maneras, todavía, como en el Medioevo, solemos imaginar nuestra vida a largo plazo desarrollándose en un radio de 20 kilómetros de donde nacimos. Pero la tecnología nos permite no solo viajar cada vez más, sino estar en contacto con personas que pueden ser más afines a nosotros que nuestro propio vecino.

Si hay algo que hoy sé que me hubiera encantado hacer antes de los 30 años es pasar un tiempo en otro país. La verdad es que no pienso en un país en particular, cualquiera hubiera servido para conocerme mejor, lejos de la gente que me cuidaba y me enseñó a ser quien era en ese momento. Es bueno estar fuera de los círculos habituales que a veces, sin saberlo, nos limitan.

La experiencia de comenzar de nuevo, aunque solo hubiese sido por un par de meses, me parece genial. Creo que eso me hubiera permitido, mucho más rápido, conocer mis valores, entender "qué quería ser cuando fuera grande" y, sobre todo, cómo. Tal vez hubiera vuelto, tal vez no, pero eso no es relevante. **Qué elegir no es tan importante como saber que podemos elegir.**

## 5. APRENDE FINANZAS Y APLÍCALAS EN TU VIDA

En este punto me tomé la libertad de interpretar a todos los que dicen: "Compra Bitcoin", "Invierte en acciones de Apple" o "Juégale al 32768 en la lotería", para poder convertirlo en un aprendizaje. Lo que entendí es que, detrás de todas esas recomendaciones, se esconde un deseo: nos hubiera gustado tener más dinero, más fácilmente. ¿Y cómo traducirlo en una acción para una persona de 18 años? Aprender finanzas, claro.

Sería ideal no tener que agregar esto a la lista, pero considero que el sistema educativo, en la mayoría de los países, falla. Y esa falla, a medida que la expectativa de vida se agranda, se nota más. ¿Vamos a vivir 120 años y dejar de trabajar a los 65? ¿Cuáles son las ventajas de invertir? ¿Me conviene tener un sueldo o emprender?

Soy economista y pensé que era bueno con las inversiones, justamente por eso. Sin embargo, la comodidad del sueldo mensual hizo que, durante años, perdiera de vista oportunidades para cuidar lo que, con tanto esfuerzo, había ganado. Recién cuando comencé a imaginar una vida sin salario empecé a aplicar todo lo que había aprendido. **La magia del interés compuesto se aplica tanto al dinero como al conocimiento.**

# 6. MANTÉN Y AMPLÍA CONSTANTEMENTE TU RED DE CONTACTOS

La confianza es algo que no se puede comprar o vender, sino que solamente se construye con el tiempo o por transitividad. Es decir que, si yo confío en Agustina y ella confía en Manuel, me será más fácil –aunque no automático– confiar en Manuel. Y esa confianza es mucho más importante de lo que creemos.

En mi caso particular, casi a los 50 años, sigo sorprendiéndome cada vez que me cruzo con alguien que conocí en el siglo pasado y con quien haría negocios, trabajaría o compartiría secretos, simplemente porque siento que lo conozco. Y viceversa. **Creo que no importa tanto a quién conoces, importa quién te conoce.**

Es muy valioso conocer gente, mostrarnos interesados en ellos como personas o profesionales y no pedirles nada, simplemente hacerles preguntas. Es una inversión que vale la pena: cuando hacemos preguntas y escuchamos con atención, pero sin un objetivo puntual, estamos mostrando respeto por lo que la otra persona es o piensa y, al mismo tiempo, estamos dándole permiso para que nos pregunte a nosotros lo mismo, aun cuando esto no suceda. Así construimos nuestra marca mientras expandimos nuestros contactos. Tu marca personal es lo que otros dicen de ti cuando no estás.

# 7. NUNCA DEJES DE APRENDER

Este concepto es tan importante que está plasmado en varios capítulos a lo largo del libro. Tanto cuando estudiamos como cuando hacemos y, sobre todo, cuando nos equivocamos, debemos mantener una actitud curiosa. **Aprender sobre "A" y "B" te da más conocimiento que "AB": podrás relacionarlo con todo lo demás que sepas.**

# 8. ENFÓCATE Y DISPÉRSATE, PERO NO AL MISMO TIEMPO

Cuando realicé esta investigación me encontré con una contradicción: muchas personas creen que deberían haber estado más enfocadas, mientras que otras creen que deberían haber ampliado sus panoramas, de estudio o laborales.

Estuve, en distintos momentos, en ambas situaciones: tuve periodos de experimentación, de apertura de horizontes, de dispersión, y otros de intensidad absoluta, abstracción de lo demás, foco en lo que hacía. "¿Cuál es el estado correcto?", me pregunté durante mucho tiempo.

Es muy interesante relacionar esto con un método de resolución de problemas nacido a fines del siglo XX, el "Pensamiento de diseño" (*Design Thinking*). En él, frente a un problema cualquiera, la primera actividad es de dispersión: empaticemos con quien tiene un problema y hagamos una fuerte sesión de *brainstorming*, buscando la mayor cantidad posible de ideas al respecto. Recuerdo una experiencia en la que, una vez que terminamos muy cansados de listar cientos de ideas, el coordinador dijo: "¡Y ahora, empezamos de nuevo!". Y lo más absurdo fue que seguimos generando ideas nuevas, todavía mejores que las anteriores. La etapa de dispersión nos permitió encontrar miles de otras ideas. Luego, era el momento de ordenarlas, clasificarlas por tema, elegir primero cuáles no haríamos y, luego, en dónde nos enfocaríamos con intensidad. Y, eventualmente, podríamos volver a dispersarnos, pero ya más orientados.

Finalmente entendí, y me gustaría decirle al Leo de 18 años, que el problema es quedarse en el medio, en una situación de "debería enfocarme, pero me disperso", que no permite ni ampliar el panorama ni hacer mejor lo que estamos haciendo. **Dispersarnos y enfocarnos periódicamente nos permiten ajustar el camino.**

# 9. SÉ BUENA PERSONA

Confieso que estoy haciendo trampa. Solo un puñado de personas me contaron que se hubiesen dicho "sé buena persona" a los 18 años. Sin embargo, me parece algo tan importante que es aceptable estirar un poco las reglas y agregar esta idea: por más que a veces pensemos que en el corto plazo nos conviene aprovecharnos de alguien, ignorar nuestros valores y hacer algo que no haríamos si todo el mundo se enterara, en el largo plazo siempre seremos más felices siendo buenas personas, haciendo lo correcto y actuando como si todo lo que hiciéramos fuera público. Porque tal vez lo es. **Ser buena persona hace bien.**

## 10. TRANQUILO/A, TODO VA A SALIR BIEN

Muchos de nosotros deberíamos tatuarnos esta frase para poder recordarla en esos momentos de angustia antes de tomar una decisión o, peor, cuando alguien tomó una decisión que nos afecta mucho. **Con el tiempo, uno aprende que, con el tiempo, uno aprende...** sí, puedes leer la frase de nuevo. Tenemos mucho tiempo por delante, tiempo para recuperarnos, para adaptarnos, para inventar un nuevo camino si este desaparece. Nada de lo que te esté pasando es tan terrible, si miras en perspectiva. Por eso, mi recomendación no es pensar que todo va a salir bien sino saberlo, tener la convicción de que así será.

Ahora te animo a que te preguntes si necesitas escuchar nuevamente algunas de estas frases, si consideras que tienes que implementarlas o si ya las vives a diario. ¿En qué frase te gustaría trabajar? No hace falta que te hagas un tatuaje, pero tal vez quieras anotarla en algún lugar visible o convertir esa expresión en decisiones concretas.

No necesitas a alguien
que te dé lo que tienes en ti.
Nadie podrá cuidarte como tú lo harás.
Por eso es genial que tú estés aquí
con muchas ideas y listo para actuar.
Tú puedes elegir, ahora te puedes marchar...
O no.

# Buscar trabajo es un trabajo

# Bienvenida

Bienvenido/a al curso "Buscar trabajo es un trabajo".

Mi objetivo es compartir mis recomendaciones para encontrar trabajo, pero de una manera en la que de por sí creo que ayuda. ¿Cuál es? Aprender haciendo. En lugar de presentarme como un experto y explicarte los secretos que nadie te explicó sobre cómo encontrar tu próximo trabajo, inventarlo o reinventar el que tienes, te ayudaré a descubrirlos.

Tengo que confesarte que el curso comenzó de una manera poco habitual. Recibía tantos pedidos de ayuda que, si no los sistematizaba, tenía que dejar todas mis otras actividades para responderlos. Así, "Buscar trabajo es un trabajo" comenzó como un curso por e-mail que, de a poco, fue creciendo en cantidad de suscriptores. A medida que más gente lo hacía, más podía mejorarlo con los comentarios que me daban. Imagínate entonces que este curso fue creado por 8001 personas. No solo yo lo elaboré, sino también las 8000 personas que lo completaron (y el número sigue creciendo). Luego, siguió evolucionando hasta que lo adapté a *Ahora te puedes marchar... o no*.

Alineado con el resto del libro, el curso es un proceso de autoconocimiento y entrenamiento para la búsqueda laboral.

Una vez que lo hayas terminado, deberías saber cosas de ti que no sabías y cómo usarlas para encontrar una actividad que te haga más feliz.

Está pensado para que lo leas solo los días hábiles, un tema día por medio, por ejemplo, el lunes (**Esfuerzo**), el miércoles (**Valores**) y el viernes (**Actitud**), y así sucesivamente. Cada temática incluye ejercicios para realizar que, en la mayoría de los casos, requieren tiempo de maduración o conversaciones. Dedicárselo depende de ti, ya que, como siempre, eres el/la protagonista.

¡Comencemos!

# 1
# Esfuerzo

Buscar trabajo es un trabajo y, por eso, creo que es importante tomarlo como tal y tener disciplina. Durante este tiempo voy a ser tu jefe. O algo así.

En cada una de estas páginas tendrás algunos conceptos y también actividades para hacer en una libreta (no en la computadora ni en el celular; a veces la tecnología, de tan eficiente, nos limita). Es tu decisión hacerlas con ganas o no, o incluso no hacer nada. En otras palabras: eres grande y responsable por tus acciones y las consecuencias de las mismas. Y es fundamental que entiendas que quejarte es mucho más fácil que hacer. Tú eliges de qué lado estar.

Cuando hagas las actividades, en la parte superior de cada hoja, escribe el número de ejercitación y el título. Eso te va a ayudar a retomarlas, usarlas y repasarlas a lo largo del curso.

Empecemos por el primer paso. Hoy es fundamental que sepas qué te gusta y en qué eres bueno/a. Si quieres, puedes revisar los ejercicios del capítulo 3 ("Aquello que nos mueve: entre la pasión y los valores"), que te dispararán más ideas.

# TRABAJO PARA MÍ

## 1

En una hoja anota el título **"Gustos"**. Haz una lista con 3 cosas que te hayan encantado en trabajos anteriores (si no los tuviste, durante tus estudios o en cualquier otro ámbito) y 3 cosas que siempre evitaste hacer o que no te gustaban.

## 2

A continuación, en la misma hoja, incluye **"¿Qué quiero hacer?"** y respóndete no solo qué deseas hacer (independientemente de que nunca lo hayas hecho), sino también en dónde te gustaría trabajar y haciendo qué tipo de tareas. Si das detalles, mucho mejor.

## 3

En una hoja aparte, escribe **"¿Cómo me ven los demás?"**.

## A

Para responderlo, pregúntales a aquellas personas que te conocen bien (pueden ser entre 5 y 10, e incluye a familiares, amigos, pareja, colegas del trabajo, exjefes, profesores) qué estabas haciendo cuando ellos te vieron contento/a y qué hacías cuando te veían triste o enojado/a.

## B

Pídeles, además, que te describan con 3 adjetivos y pregúntales cómo te recomendarían laboralmente a otra persona (qué frase usarían). Es importante que, aunque cueste, si trabajaste antes, les pidas su opinión a excompañeros y jefes. Y también es fundamental que a cada uno le mandes un mail personalizado.

## C

Para ordenar las respuestas, puedes dividir la hoja en cuatro y escribir:

- Momentos alegres
- Momentos tristes
- Tres adjetivos que me describen
- Cómo me recomendarían

Debajo de cada título, completa lo que te dijeron tus contactos.

## 4

**"Acercándome a LinkedIn".** Entra a LinkedIn y, si no tienes una cuenta, créala. Si tienes dudas acerca de esta red, mi consejo es que investigues un poco y corras algunos riesgos, que te animes a mostrarte tal como eres. Ya habrá tiempo para ajustar tu perfil. Es bueno que te familiarices con esta red social (aburrida, pero útil) buscando al menos 10 personas que trabajen haciendo algo que te gusta.

## BONUS TRACK

•

El entusiasmo es clave para "hacer". Uno de los videos que más me contagia entusiasmo es "Wear sunscreen" (Usa protector solar). Puedes ver este o el que más te guste a ti. La única condición es que te motive a hacer.

# 2
# Valores

¿Robarías? Si tu respuesta es un "no" rotundo, me cuesta creerte. ¿Y si tu familia se está muriendo de hambre y una panadería tiene sobre el mostrador un sándwich que nadie notaría si faltara?

Cuando nos enfrentamos a ese conflicto (y a otros mucho más sutiles) nuestros valores se manifiestan. ¿Qué es más importante: tener los fines de semana libres, aunque no tengas dinero para disfrutarlos, o trabajarlos y soñar con el tiempo que vas a tener para aprovecharlos en el futuro?

Libertad, familia, ética, diversión, paz, largo plazo, amistad. Son conceptos que, si los entendemos, vamos a poder tomar decisiones con más claridad.

¿Aceptarías un trabajo que no te guste? Claro, si te ayuda a satisfacer valores que son más importantes para ti. ¿Trabajarías para una empresa que fabrica productos que matan? Por lo general, la respuesta a esta pregunta termina siendo "depende": ¿es un fabricante de armas o una tabacalera? ¿Qué voy a lograr si tengo ese trabajo?

¿Te acuerdas de los escudos de armas medievales? Representaban los valores fundamentales para una Nación, un Estado o una familia. Una torre mostraba fortaleza; un águila, sabiduría; el color verde, libertad. Esos son valores. ¿Nunca te preguntaste por qué existen esos escudos? Seguramente los viste en los libros de Historia, en la armadura de un caballero y hoy en día, los ves cuando el presidente de un país da un discurso oficial en la televisión. Son símbolos para no olvidar nunca aquello por lo que luchamos. Es muy importante entender cuál es el orden de los tuyos, cuáles son los más importantes para ti.

# TRABAJO PARA MÍ

## 5

**Valores.** Utiliza una hoja aparte para esta actividad y resérvala para este tema. Hoy vas a empezar a completarla y, dentro de un par de días, volverás a ella para continuarla. Arma dos columnas: una de "Valores positivos" y otra de "Valores negativos".

## 6

**Relee las actividades "Gustos"** (1) **y "¿Qué quiero hacer?"** (2). Pregúntate varias veces: "¿Por qué?". "¿Por qué me encantaba vender? ¿Por qué sueño con tener un contacto fluido con personas interesantes? ¿Por qué me gustaría trabajar en determinado lugar?". Seguramente no sea "vender" ni "charlar con personas" lo que te gusta tanto, sino que es posible que responda a algo más profundo. Quizás sea ayudar, aprender, dar un paso intermedio hacia tu objetivo, el dinero que puedas ganar. Sigue profundizando, tanto en lo que te gustaba como en lo que no, anotando al lado palabras clave y volcándolas en cada una de las columnas de "Valores positivos" y "Valores negativos".

## 7

**¿Qué sobresale?** Sin volver a mirar LinkedIn, anota todos los detalles que te acuerdes de esas 10 personas de la actividad "Acercándome a LinkedIn" (4).

## 8

**Mi perfil de LinkedIn.** Ahora entra a LinkedIn y construye un perfil básico. Si tienes una hoja de vida armada o un currículum ya hecho, vuelca toda esa información en la red. Si no los tienes, no te preocupes; vas a usar LinkedIn para crearlo. Busca conexiones, da feedback a gente que haya trabajado contigo (recomendaciones y habilidades), pídeles a excompañeros y exjefes que te recomienden. Algo que ayuda es entrar en sus perfiles y marcar algunas de sus habilidades. Esto suele generar reciprocidad.

## 9

**Mi escudo de armas.** Elige tus tres valores más importantes, averigua cómo se representaban en los escudos de armas en el pasado y dibuja el tuyo.

## 10

**Usa el escudo.** Utiliza el escudo que dibujaste como un modelo para analizar las propuestas laborales que recibas, fíjate qué valores se respetan en cada una, cuáles tienen que ver con lo que buscas y cuáles deberías dejar de lado.

# BONUS TRACK

•

Periódicamente veo el video del discurso de Steve
Jobs en la Universidad de Stanford, en Youtube.
Puede ayudarte a observar cuáles eran sus valores
más importantes.

•

Mi libro *Soy solo* está en Spotify, en Google Podcasts
y en Apple Podcasts. Te recomiendo que escuches el
capítulo "Valores y vacaciones".

# 3
# Actitud

La ansiedad y la desesperación nunca son buenas consejeras. Pero nadie está a salvo de esas emociones. Si sientes que estás sumergido/a en estos estados en algún momento de todo este proceso, puedes ir a la **"Página de rescate"** con algunas sugerencias sobre qué hacer en esas situaciones. Está ubicada al final de curso.

En ese sentido, tampoco es bueno que los demás te noten desesperado/a por conseguir un trabajo. ¿Alguna vez te preguntaste por qué cuando tienes trabajo te aparecen propuestas que, cuando no lo tenías, no surgían? Es una cuestión de actitud. Si se te nota que estás en una actitud de "denme un puestito, por favor; no importa cuál", nada va a aparecer.

Todos tenemos un valor: muéstralo y déjate encontrar. Es bueno entablar conversaciones con criterio, no con todo el mundo; no a mansalva. No estás pidiendo por favor un trabajo, te estás ocupando de que se sepa que estás disponible. Si vas a contactarte con mucha gente, hazlo despacio para poder responderles en tiempos razonables a todos los que te escriban.

El tagline en LinkedIn, esa frase que va debajo de tu nombre en el perfil, tiene que poder mantenerse a lo largo del tiempo, más allá del puesto que tengas. Piensa entonces, quién quieres ser. Es importante que puedas llegar a encontrar esa definición. Y que te defina realmente a ti. No tiene que ver con lo que los otros quieren que seas. Trata de olvidarte de los mandatos externos.

Yo, a mis 44 años, decidí poner "Disrupting Management :-)". Así, en inglés y con la carita feliz.

## TRABAJO PARA MÍ

### 11

**La desesperación no ayuda.** Piensa en 3 momentos en los que estuviste desesperado/a, ¿cuál fue el resultado?

### 12

**Logros y estado de ánimo**. Identifica un gran logro que hayas alcanzado. Piensa cuál era tu estado anímico al momento de encararlo.

### 13

**¿Qué esperan de mí?** Haz un listado de lo que crees que los demás esperan de ti. Marca, de ese listado, los objetivos que coinciden con lo que tú realmente quieres.

### 14

**¿Quién soy?** Escribe quién eres en una frase de menos de 5 palabras, usando todo lo que aprendiste pero, sobre todo, mirando qué dirían tus amigos si tuvieran que recomendarte, tal como lo hicieron en la actividad "¿Cómo me ven los demás?" (3). Yo muchas veces uso "Economista, emprendedor, ahora escritor".

## 15

**Coherencia.** Asegúrate de que eso quede claro en tus perfiles públicos: por ejemplo, si lo tuyo tiene que ver con lo estético (diseñador gráfico, fotógrafo, etc.), es más importante que la imagen lo transmita que tener que explicarlo.

## BONUS TRACK

•

Mira nuevamente el video "Wear sunscreen" (Usa protector solar) o el que elijas para poder influir positivamente en tu estado de ánimo. Busca otras actividades que te ayuden a pensar en las cosas lindas de la vida, en lo logrado, en el largo plazo, en todo lo bueno por venir.

•

Relee la actividad 4 de "Trabajo para mí", del capítulo "Protagonistas o actores de reparto". Ponla en práctica nuevamente.

# 4
# Hoja de vida

Como ya te conté, si te ocupas de mejorar solo un poquito cada día, el resultado será gigante. Un 1 % de mejora diaria, a lo largo de un mes te llevará a mejorar un poco más del 30 %. Y después de 365 días, habrás multiplicado varias veces (37) el resultado (es la magia del interés compuesto, como vimos en el capítulo 8). Por eso, la disciplina por haber llegado hasta esta instancia es muy importante.

Tengo que confesarte que seleccionar gente para una empresa no es fácil. Los reclutadores, sean internos o externos, tienen que revisar docenas de perfiles de LinkedIn y hojas de vida o currículums.

Tu principal objetivo con el currículum/perfil es pasar a una segunda etapa en un proceso de selección para un puesto adecuado en una empresa apropiada. No es desarrollar un tratado ni explicar toda tu vida.

Hay mucho escrito sobre el tema, pero nada me convence demasiado. Lo principal es que comprendas que no importa tanto lo que quieres ("busco una empresa xxx") como lo que ofreces ("tengo conocimientos de xxx, disponibilidad para viajar, etc.").

Para mí, lo importante es que tu currículum sea:

- **Fácil de leer.** Algo muy largo, con frases hechas o diseños complejos aleja a los lectores.

- **Honesto.** Mentir no te conviene. Puede ayudarte a conseguir un trabajo, pero después se volverá en tu contra. Por ejemplo, si no quieres contar que tienes un "nivel básico de inglés", no mientas. Simplemente, elimina la sección idiomas y deja ese punto abierto para que te lo pregunten en una segunda etapa.

- **Representativo de tus valores**. Si la **ética** es muy importante para ti, asegúrate de que esté en tu descripción. ¿**Crecer** es fundamental? ¿Te encanta **aprender**?

- **Diferente.** Imagínate un escritorio con 50 currículums. El selector tiene poco tiempo para decidir, no va a leer todo a fondo y menos va a intentar entender qué quiso escribir un postulante. Por eso, tiene que ser claro, directo y llamar la atención de acuerdo con tus valores. Y, al mismo tiempo, tiene que ser diferente. Esa es la razón por la que no te indico qué tipo de formato debería tener. Si todos hicieran lo mismo, los currículums serían iguales. ¿Cuán diferente tiene que ser? Depende del mercado en el que te muevas. Si eres un geólogo (un mercado laboral que asumo que es pequeño), el selector seguramente no tendrá miles de opciones en su mesa y, por lo tanto, no pondría tanta energía en la diferenciación.

- **Corto.** Mucha gente asocia un currículum largo a alguien con experiencia. Pero cualquiera puede "alargar" su hoja de vida. Lo más difícil es editarlo y elegir qué cosas sacar y cuáles dejar. Además, debes tener en cuenta que le van a dedicar 10 segundos. Enfócate en el comienzo, entonces: en la mitad superior de la primera página. Luego del encabezado, el lector suele ir hacia la izquierda. Revisa bien esos espacios y lo que comunicarás allí. Vale tener un currículum supercompleto y enviar distintas versiones para distintos procesos de selección.

Con respecto al diseño, he visto mucha gente dedicándole incontables horas al diseño de su currículum vítae pero perdiendo de vista algo muy importante: cómo lee el currículum quien lo recibe. ¿Está sentado en un sillón, con una pila de papeles y varias horas por delante, un whisky y un habano? O, tal vez, ¿está incómodo en un escritorio frente a una computadora con un monitor pequeño, abriendo archivos rápidamente para tomar decisiones en pocos segundos? Si crees que estás más cerca de este último caso, enfócate en la primera mitad de la primera hoja, la que se ve perfectamente al abrir el documento, y haz que le den ganas de seguir leyendo.

A su vez, si incluyes una foto, lo importante es que te represente laboralmente: ¿cuán formal vas a trabajar?, ¿sonríes habitualmente? Si no tienes una foto adecuada, lo mejor es no incluirla. En algunas culturas, el currículum se solicita específicamente sin foto (para evitar discriminación); en otras, puede ser necesaria.

# TRABAJO PARA MÍ

## 16

**Seguimiento.** ¿Te acuerdas de la actividad "Cómo me ven los demás" (3)? Seguro alguno te respondió enseguida, pero es posible que la mayoría no haya entendido que esto era importante para ti. Insiste, cuéntales cuánto te ayudarán sus respuestas y lo mucho que valoras su colaboración.

## 17

**¿Qué y dónde?** Haz una lista con 3 o 4 puestos en los que crees que podrías trabajar y otra con 3 o 4 empresas (con nombre) en las que te gustaría trabajar.

## 18

**Construcción en LinkedIn.** Sigue armando tu perfil de LinkedIn con lo que analizamos en referencia a tu currículum. Puedes exportarlo a PDF y tener un currículum listo o trabajarlo en Word o similar. Pídele a un/a amigo/a que no tenga errores de ortografía que revise ambos archivos. Un currículum, igual que tu perfil de LinkedIn, no puede tener errores de ortografía. Para muchos, será motivo suficiente para descartarlo.

# BONUS TRACK

•

Puedes aprender y ayudar al mismo tiempo: pídeles a algunos amigos o conocidos sus hojas de vida o mira sus perfiles en LinkedIn. Trata de entender qué valores transmiten y qué parecerían estar buscando. Puedes contarles tu impresión y tomar lo que creas que te sirva.

# 5
# Cultura

Te invito a que pienses qué cultura quieres que tenga la empresa en la que vas a trabajar. ¿Qué cosas son importantes para ti de la compañía en la que trabajarías? ¿En qué aspectos no podrías ceder, de verdad?

Cada empresa (en realidad, cada equipo en una empresa) tiene una cultura determinada. Es importante entender que, si tu personalidad o tus valores no encajan en esa cultura, te va a costar mucho trabajar ahí.

Por ejemplo, hay empresas informales en lo legal, que necesitan evadir impuestos para subsistir, u otras que fabrican productos que jamás en la vida comprarías. Si esto está en contra de tus valores, cada día que te enfrentes a esa realidad, vas a sufrir. Otras ofrecen mucha flexibilidad, no solo de horarios sino también en cuanto a procesos. Tal vez no tienen áreas de soporte tan establecidas, entonces tendrás que hacerte cargo de más tareas, pero no todos se sienten cómodos así. Hay gente que no trabajaría en donde no pueda revisar las redes sociales libremente, pero soportaría a un jefe que le grite.

Muchas veces cedemos en algún valor para priorizar otro ("Tengo que darle de comer a mi familia, no me importa que evadan impuestos"). Es totalmente natural que pase esto y esperable que genere incomodidad. Poder anticipar esa incomodidad nos ayudará a elegir conscientemente.

## TRABAJO PARA MÍ

### 19

**¿Qué quiero de la empresa?** Repasa las empresas que elegiste en la actividad "¿Qué y dónde?" (17), identifica qué es lo que las hace atractivas para ti. ¿Son dinámicas o divertidas? ¿Están cerca de tu casa? ¿Hay amigos? ¿Tu familia va a estar orgullosa si tú trabajas allí? Anota las "palabras clave" al lado de cada una.

### 20

**Más valores.** Seguramente ya tienes feedback de, al menos, 3 de las personas que te conocen bien, esas que contactaste en la actividad "¿Cómo me ven los demás?" (3). Agradéceles a todas a tu manera.

### 21

**En esas respuestas, detecta los valores involucrados** (aquellos que te representan) y pregúntate por qué frente a cada respuesta que te dieron. Si te veían contento/a, pleno/a cuando colocabas sellos repetitivamente en un formulario, pregúntate ¿por qué?, profundiza. ¿Sería porque la repetición te daba seguridad? Anota esa palabra clave en la hoja que habías empezado en la actividad "Valores" (5) y sigue completando las columnas de "Valores positivos" y "Valores negativos". Si alguno de tus contactos responde después de esta actividad, también agradécele y usa sus respuestas.

## 22

**¿Qué tiene de malo stalkear?** Entra a LinkedIn y busca a gente a la que admires. Empieza a seguirlos, fíjate qué publican. Si quieres, puedes seguirme ;-) Busca también a las empresas en las que te gustaría trabajar, esas que identificaste en la actividad "¿Qué y dónde?" (17), síguelas y fíjate si encuentras personas que hagan lo que a ti te gustaría hacer allí. Contáctate con ellas y si te preguntan por qué lo haces, sé honesto/a: "Me interesa la empresa en donde trabajas por tales motivos y me gustaría estar en contacto por si en el futuro somos colegas o por si tengo que averiguar más".

## BONUS TRACK

•

Puedes releer el capítulo "Esa frase que nos saca de quicio" y analizar cómo te sentirías en organizaciones en las que usen habitualmente esas expresiones.

# 6
# Redes

No encontré estadísticas al respecto, pero, sobre la base de mi experiencia y observaciones, la mayor parte de los empleos de buena calidad (en donde la empresa y el empleado están satisfechos) surgen de contactos indirectos.

Por esta razón, es importante que dediques todo el tiempo que puedas a mantener vivas las relaciones existentes y crear nuevas. Si tu profesión es bastante específica, construir redes es todavía más importante.

Como a lo largo de todo este curso, recuerda que no estamos pidiendo favores y, menos, "trabajo, por el amor de Dios". Estamos ofreciendo valor. Te doy algunos ejemplos:

- **Aquel/lla compañero/a de estudios con el/la que te llevabas bien**, ¿cómo está? ¿Qué está haciendo? ¿Y los demás? Cada uno partió de un origen similar (el mismo lugar de estudios) y siguió un camino diferente, que puede darte ideas nuevas. Muestra curiosidad, pregunta, aprende siempre.

- **¿Hay alguna asociación de personas de tu especialidad?** Puedes invertir en hacerte socio/a (a veces tienen tarifas especiales para desempleados) o incluso ofrecerte para ayudar en alguna actividad. Esto te expondrá frente a la profesión, aun cuando sean competidores posibles, y podrás estar al tanto de las novedades en tu nicho. Además, si alguien necesita ayuda te conocerá, y ya habrás dado el primer paso.

- **¿Te gusta escribir o compartir contenido?** Requiere mucha energía construir una marca en redes sociales (yo lo logré en LinkedIn e Instagram con 2 años de esfuerzo). Si eres tímido/a, todo esto te costará más y será aún más beneficioso, ya que seguramente no te has mostrado mucho en las redes. Pruébalo, vale la pena.

# TRABAJO PARA MÍ

## 23

¡A desarrollar redes! No hay fórmulas mágicas para elegir en qué red enfocarte. Ya sabes que el "foco" para mí es clave, lo leíste en el capítulo "Caña de pescar o mediomundo". Creo que es importante no tratar de estar "en todas las redes", sino de ponerle más energía a 2 en las que consideres que puedes mostrarte mejor u obtener más conexiones valiosas.

## BONUS TRACK

•

Busca una asociación en la que creas que puedes aportar valor y ofrécete para asistir una vez por semana, un par de horas. Recuerda siempre que las relaciones se construyen de a poco, dando valor y confiando. Piensa que sería genial que pudieras mantener tu presencia, aun con un empleo.

# 7
# Acción

¿Cómo te vas a presentar en los trabajos? No uses el mismo currículum para todos los envíos. En algún caso, ni siquiera lo enviarás: quizás tengas que llenar un formulario online o aplicar por un sitio de empleos.

Si aparece la tan temida pregunta sobre la "remuneración pretendida", responde sinceramente cuánto quisieras ganar (si quieres, ínflalo un poquito), pero ten en cuenta que no es un factor tan importante. Las empresas usan esa información como un parámetro. Solo te van a descartar si tu pretensión está muy lejos de lo que ellos pueden pagar. De todos modos, independientemente del dinero que digas que quieres ganar, piensa cuánto estarías dispuesto/a a resignar si te ofrecen otros "beneficios" (trabajar desde casa, horarios flexibles u otros tantos).

## TRABAJO PARA MÍ

### 24

**Editor/a se busca.** Mándales tu currículum a 3 personas de confianza y pregúntales qué mejorarían y qué eliminarían.

## 25

**¿Mi currículum es consistente?** Imprímelo y con un resaltador marca las cosas que realmente sostienen la frase que define quién eres, tu visión, tu tagline.

## 26

**Autoedición.** Elimina todo lo no resaltado de tu currículum y guarda lo que queda, como una versión superreducida.

## BONUS TRACK

•

Si estás en duda con respecto al importe del casillero "remuneración pretendida", puedes releer el capítulo "Quiero (más) dinero".

# 8
# Más acción

Tengo una forma particular de ver esta situación: en este momento en el que estás buscando trabajo, ya tienes un trabajo, pero el salario vendrá después.

¿Cómo es eso? Tu trabajo es buscar trabajo. Cuanto mejor lo hagas, más rápido y, tal vez, más alto será el sueldo que "pagará" tus gastos de este periodo (o recuperará tus ahorros).

Por eso, lo ideal es que mantengas la misma disciplina que si estuvieras yendo a una empresa a trabajar, todos los días, ocho horas. Ponte horarios que te ayuden a ser constante durante esta etapa.

Si te cuesta imaginar un jefe, piensa que soy yo. Las consignas son simples: trabaja en conocerte, nunca dejes de aprender, construye relaciones y busca oportunidades. Y sí, parte del desafío es "inventar" qué hacer cuando tienes un tiempo libre.

Tu futuro depende de muchas cosas pero, sobre todo, de ti.

# TRABAJO PARA MÍ

## 27

**Motivación.** Mantener las ganas para "trabajar" cuando estamos sin trabajo es una tarea compleja. Necesitas que esta rutina tenga su constante "Día uno", como te comenté en el capítulo "El día después de mañana". ¿Qué puedes hacer para que tus días de búsqueda laboral sean siempre tu "Día uno"?

## BONUS TRACK

•

Puedes escuchar los capítulos "Vos sí, vos no" y "Subite al Titanic" de mi libro *Soy solo*. Están en Spotify, en Google Podcasts y en Apple Podcasts.

•

Tienes disponible mi curso de oratoria gratuito, desde mi canal de Youtube. Se llama "Secretos de un CEO para hablar en público".

•

Te animo a que releas la ejercitación que guardaste en la sección "Trabajo para mí" del capítulo "El día después de mañana". Quizás sea el momento del cambio y de poner en marcha todo lo planificado.

# 9

# Alrededor

Ahora que estás encaminado/a en la búsqueda de trabajo, es importante que también tengas otros planes.

Estás buscando trabajo, pero tu vida continúa. No se trata solo de hacer foco en eso. Cuida a tu familia y tus relaciones. No dejes que la búsqueda de trabajo afecte otras áreas de tu vida. No te pelees con los demás, no traslades tu enojo por no tener trabajo a tus vínculos y tampoco te descargues con aquellos que te acompañan y te apoyan.

Sé creativo/a y piensa otras opciones: si no encuentras inmediatamente el trabajo que te permita hacer eso que quieres, quizás pueda haber alternativas para, mientras tanto, generar algún ingreso o ahorrar algo de dinero. ¿Ya descartaste crear tu emprendimiento? No es para todos, pero puede ser una experiencia positiva. Tal vez puedas comenzar ofreciendo tus servicios para proyectos determinados; te sorprenderías si supieras cuántos empezamos así.

Ahora hablemos del dinero. ¿Podrías dejar de tercerizar algunas tareas como cocinar, limpiar y cuidar a tus hijos? ¿Estás realmente solo/a en la responsabilidad de generar ingresos? ¿Hay posibilidades de que descanses en algún otro miembro del equipo/familia por un tiempo? ¿Has pensado qué pasaría si decidieras vender tu casa y alquilar o mudarte con alguien? Como ya te comenté, estamos programados para "sentir" que los ladrillos nos dan seguridad, pero hay una tendencia creciente de cambio al respecto. Lo mismo nos sucede con el auto: si no fuera por motivos emocionales, te garantizo que en muy pocas situaciones conviene tener uno.

Habla con tu familia; sé claro/a. Revisa qué cosas son más importantes que otras. Quizás sea el momento de pensar en escenarios que nunca habías imaginado. Como siempre, salir de la zona de confort es garantía de, al menos, aprendizaje. Y, a veces, de sorpresas positivas.

## TRABAJO PARA MÍ

## 28

**Gastos.** Haz una lista con todos los gastos que tienes. Cuando digo todos, es todos: la cuota de la medicina prepaga, el alquiler (si es que alquilas), las cuotas de las actividades de tus hijos (colegio, idiomas, deportes), los sueldos de las personas que hacen tareas en tu casa, el dinero que les das a otras personas (hijos, padres), las compras en el supermercado, los cafés que te tomas, los cigarros que compras, las comidas en restaurantes, los gastos en transporte público (si es que no tienes auto), la nafta (si es que sí lo tienes). Todo lo que puedas detectar. Puedes ir anotando cada vez que pagas algo. Esto te dará una noción más certera de los gastos grandes, pero también de los pequeños, esos que suman de a poco y que representan una gran cantidad de dinero a fin de mes. No te olvides de agregar "Ahorro" junto con los gastos. Como ya te conté, es importante que lo consideres como si fuera un gasto fijo más.

## 29

**Recortes.** Mira la lista anterior. Imagínate una situación extrema, terrible. Marca con un color los gastos que de ninguna manera, jamás, vas a cortar. Si en alguno vas a reducir el gasto (comida, por ejemplo), pero nunca cortarlo, táchalo y pon el valor reducido. El renglón de ahorro no lo toques. Este es tu presupuesto "de emergencia" o "base cero". Si tienes un/a socio/a en la vida, trabájalo con esa persona. El solo hecho de analizar esos gastos y saber qué se puede reducir te va a ayudar a tomar decisiones para que las decisiones no se tomen solas.

## 30

**La hora de hacer cuentas.** Si recibiste una indemnización de tu trabajo anterior, decidiste vender algo o tienes ahorros, calcula para cuánto tiempo te sirve ese dinero en diferentes escenarios (con los gastos habituales, recortando algunos gastos y "base cero").

## BONUS TRACK

•

Si crees que por tu edad es difícil conseguir trabajo, escucha a través de Wetoker.com mi podcast: "¿Hay vida después de los 45? ¿Y trabajo?".

•

Relee la información recolectada y tus propias respuestas de la sección "Trabajo para mí", del capítulo "¿Todos somos emprendedores?". Si tuvieras que dar un primer paso como emprendedor/a. ¿Cuál sería? ¿Cómo te sentirías?

# 10
# Entrevista

La entrevista de trabajo es como una cita en la que entrevistador y entrevistado están en igualdad de condiciones: los dos quieren algo y van a ver si pueden resolverlo juntos. Iguala a las personas.

No se trata de un pelotón de fusilamiento, en donde el selector te acribilla a preguntas. Anímate a repreguntar, más allá de cómo se muestre tu interlocutor. Lleva algunas preguntas preparadas, tanto sobre el negocio como sobre la cultura interna de la empresa.

Nunca mientas. No es un buen negocio.

El examen psicotécnico no es una prueba, es parte del proceso de una empresa para conocerte. Se trata de darle a un especialista algunas herramientas para que entienda un poco más cómo eres.

Lo que hagas en un psicotécnico son descripciones tuyas y ellas pueden ser buenísimas para un puesto y no tanto para otro. Por eso, evita las recomendaciones mágicas.

Conviene ir a la entrevista de trabajo con la mente lo más abierta posible, dispuesto/a a escuchar de verdad para poder captar si hay alguna oportunidad diferente a la que fuiste a buscar que, de pronto, te parece que encaja mejor con lo que tú quieres, sabes hacer y te hace feliz.

# TRABAJO PARA MÍ

## 31

**Repasa tus más y tus menos.** Revisa las respuestas que te dieron tus conocidos en la actividad "¿Cómo me ven los demás?" (3). Ten presentes tus puntos fuertes (y los débiles también) por si necesitas usarlos.

## 32

**Repasa tus valores.** Ten presentes tus valores, esos que extrajiste de las actividades "Valores" (5) y "Más valores" (20). Piensa preguntas que te ayuden a entender esos valores en la empresa. Intenta hablar con quienes trabajan allí antes de la entrevista.

## 33

**Vestimenta.** Piensa qué ropa te vas a poner (conviene ir un poco más formal de lo que eres, como para tener un margen), párate delante del espejo y prueba diferentes opciones.

## 34

**El amicoach.** Pídele a un/a amigo/a que te entreviste como si fuera la persona que te seleccionaría para un puesto de trabajo. Hagan una entrevista por teléfono, otra por Skype o similar y otra presencial. Cuando hagas la entrevista por Skype chequea si todo funciona, si se escucha bien y si lo que se ve de fondo es lo que quieres mostrar. En cualquier caso, si algo falla, ¡genial! La segunda vez siempre te va a costar menos.

# BONUS TRACK

•

Puedes escuchar uno de mis podcasts que está en Wetoker.com, que se llama "¿Por qué debemos dejar de mentir en las entrevistas de trabajo?".

•

También hice un audio que puedes buscar en Soundcloud, "La verdad sobre los psicotécnicos", que puede ayudarte si quieres saber más sobre el tema.

# 11
# Tiempo

A veces aflojamos, nos cansamos, nos decepcionamos, creemos que "no se puede".

Y, después, siempre se puede. Le encontramos la vuelta, descubrimos algo que estaba frente a nuestros ojos, o alguien nos lo muestra. O, tal vez, inventamos nuestro propio futuro.

En 2019 la expectativa de vida a nivel mundial es de 76 años. En 1913 era de tan solo 34 años. Es de esperar que siga creciendo, imagino que no tan rápido, claro. Pero, si hoy tienes muchos años por delante, es probable que tengas aún más de los que crees. En otras palabras, hay tiempo para salir adelante. También para fallar de nuevo. Y, otra vez, para salir adelante.

Creo que esto nos hace sufrir simplemente porque no lo aceptamos, porque creemos que debemos "ser exitosos" o "tener mucho", cuando, de verdad, lo importante ya lo tenemos. Si no lo crees, mira alrededor. Y dentro tuyo.

# TRABAJO PARA MÍ

## 35

**Relee las respuestas a las actividades del apartado 2** ("Viaje al futuro") de la sección "Trabajo para mí", del capítulo "La carrera de 100 años". Recuerda que los grandes cambios requieren pequeños pasos. ¿Cuáles van a ser los tuyos?

# BONUS TRACK

•

Revisa la sección "El dato" del capítulo "La carrera de 100 años". ¿Hasta qué edad esperas trabajar? ¿Dentro de qué porcentaje estás? ¿Consideras que es una meta posible? ¿Qué sacrificarías para lograrla?

# 12
# Seguimiento

Conviene que te armes una rutina diaria para hacer un seguimiento de las entrevistas. Asume que solos no van a responderte; llama, mándales un mail. Si no han decidido todavía, pregúntales cuándo prefieren que te contactes nuevamente. No dudes en hacerlo, muéstrate responsable con tus promesas, te va a ayudar.

Nunca te enojes. Algunas veces te van a ignorar y, en más de una oportunidad, te van a mentir. Ten en cuenta que todo va a pasar. Y te lo digo en los dos sentidos: las cosas, finalmente, sucederán y, tarde o temprano, todo quedará atrás.

Repite las entrevistas que hiciste con tu amicoach, entrénate. Piensa de qué manera puedes mostrar, en tu caso particular, en qué eres bueno/a. Si estás buscando un trabajo que está relacionado con la escritura, muestra tus textos y qué eres capaz de hacer; si tu búsqueda se orienta a formar parte de un equipo de Recursos Humanos, acércate a alguna ONG y haz trabajos que tengan relación con ese para el que quieres que te convoquen; si deseas posicionarte como consultor/a, ofrécete para que tus amigos te "usen". ¿Eres experto/a en finanzas? Ofrece asesoramiento. ¿Tienes un hobby en el que eres genial? Pregúntate a quién puedes ayudar gratis. Muéstrate, mantente en actividad, practica.

Busca capacitaciones gratuitas y genera contactos de calidad con la mayor cantidad de gente posible. Muchas veces, las contrataciones no se dan por un proceso de selección de currículums o perfiles de LinkedIn, sino que, simplemente, responden a que alguien estuvo en el momento correcto, en el lugar adecuado. Piensa cómo estar en la mayor cantidad de lugares correctos. Muéstrate, escribe, asiste a congresos, haz networking, participa en grupos en LinkedIn, toma cafés con gente del rubro, vincúlate con colegas, busca a quienes seleccionaste en la actividad "Acercándome a LinkedIn" (4) e intenta entrar en contacto con ellos, pregúntales cómo llegaron a la empresa en donde están y trata de repetir el camino que hicieron.

Baraja también la posibilidad de aceptar algún trabajo, sabiendo que es un "mientras tanto", que lo vas a hacer hasta que aparezca eso que estás buscando, pero que aceptarlo implica bajar la ansiedad, ganar algo de dinero en el medio y buscar más tranquilo/a.

Cuida a los tuyos y preserva los otros aspectos de tu vida. Haz yogur casero ;)

# TRABAJO PARA MÍ

# 36

**¿Dónde me muestro?** Haz un listado de cuáles serían los lugares (físicos y virtuales) correctos para mostrarte para que alguien que te necesita y no te conoce te encuentre.

## 37

**Los amigos de siempre.** Fíjate qué están haciendo tus compañeros de la escuela, de la facultad, de los cursos a los que asististe. Retoma y mantén el contacto con generosidad. Ayúdalos, preocúpate por ellos. Si lo haces solo para conseguir trabajo, no funcionará.

## 38

**¿Cuánto voy a trabajar?** Revisa la actividad "La hora de hacer cuentas" (30) y piensa cuánto dinero quieres/necesitas ganar. Sal del mandato de trabajar 8 horas, 5 días a la semana. ¿Cuánto es realmente lo que tienes que trabajar para ganar lo que quieres ganar? Y piensa qué te gustaría hacer el resto del tiempo. Tal vez te conviene ser consultor/a o tener un negocio propio.

## 39

**Evalúa los planes B y C.** Piensa qué estarías dispuesto/a a resignar en ese trabajo y por cuánto tiempo estás dispuesto/a a hacer algo que no es exactamente eso que quieres.

## BONUS TRACK

•

Ahora es el momento de capacitarte. Puedes anotarte en alguno de los cursos de Lynda, que te da la oportunidad de hacer una prueba gratuita por un mes. Hay otros espacios interesantes que puedes consultar, que ofrecen cursos gratuitos o económicos, tales como Coursera, edX y Udemy.

# 13
# Gracias

Y llegamos al final. Creo que tienes más claro a esta altura que buscar trabajo es un trabajo. Y que puede fallar. Pero confía: todo va a salir bien. Puedes pasarla mal en el recorrido, pero eso también pasará y le vas a encontrar la vuelta. No bajes los brazos. Y no seas terco/a: ajusta tus expectativas a lo que vaya apareciendo. Después ves si puedes modificarlo un poco para acomodarlo mejor a eso que anhelabas en la actividad "¿Qué quiero hacer?" (2).

¿Cómo seguir? Mientras buscas trabajo, sé alguien interesante, no tortures a tus conexiones, conviértete en alguien útil para ellos, ayuda a los demás, haz cosas que valgan la pena y que te hagan sentir bien. Y, periódicamente, revisa tus valores; cambian según los momentos de tu vida.

Preparar este curso fue un gran esfuerzo para mí, pero la energía vino de mis ganas de ayudar. Sé que es perfectible y que está lleno de mis opiniones. Espero que te haya divertido y te haya resultado útil.

Suerte en tu búsqueda. Todo va a salir bien.

# Página de rescate

Cuando sientes que no puedes manejar la situación, lo mejor es reconocerlo y pedir ayuda.

Por favor, lee este texto bien despacio. De verdad, muy despacio.

Encuentra un lugar en donde nadie te moleste por unos minutos.

Respira hondo 3 veces. Ahora, mucho más lentamente, otras 3.

Acuérdate de esa otra situación de angustia que tuviste. Tú sabes cuál. Saliste más fuerte. ¿Será verdad que lo que no nos mata nos fortalece? Parece que sí.

¿Qué cosas te hacen bien? ¿Hacer ejercicio, correr, salir a caminar, pasear, ver una película, charlar con un/a amigo/a, tejer, hacer un tapiz, pintar, escribir, ayudar a los demás? Elige. Haz lo que quieras. No hay elecciones incorrectas. Elegir algo es lo que nos da felicidad. Esfuérzate por salir del lugar de la angustia. Y si no puedes hacerlo físicamente, hazlo en tu mente. Imagina lo mejor.

¿Meditas? Yo uso una app que se llama *Headspace*, que tiene meditaciones en inglés. Pero hay apps en español que te pueden ayudar a hacer una meditación guiada y hasta videos en Youtube para hacerlo.

Y vuelve a pensar, cuando estés más tranquilo/a, dónde realmente te gustaría trabajar. Piensa también qué caminos alternativos puedes tomar, que todavía no hayas explorado, para llegar allí.

Tu desafío "grande" es conseguir trabajo. Desarma ese objetivo en minidesafíos, ve de a poco. Y acuérdate de que mostrarse vulnerable es sano. Acércate a tu círculo de contención, a tu red de seguridad. Si hay alguien que no tolera que estés mal, el problema es de esa persona, no tuyo.

Piensa qué vas a hacer diferente cuando te sientas angustiado/a de nuevo. Tal vez ir a ayudar en una fundación, quizás dibujar o, como dijimos antes, meditar.

Busca tu estilo. Sé protagonista.

# Agradecimientos

Comienzo por agradecerles a Sofía y Marco, mis hijitos ya grandes, que me permitieron aprender mucho con ellos, me acompañaron mientras escribía y me desafiaron a pensar. Muchas veces me descubrí preguntándome: "¿Si tuviera que ayudarlos con estos temas, qué les diría?". Enseguida me daba cuenta de que, además de escribirlo, podía decírselos. Por suerte, son curiosos y de preguntar mucho, lo que, para alguien introvertido como yo, es genial.

"Tengo que escribir" es una frase que debo haber dicho miles de veces durante 2019. A veces me sentaba a hacerlo, pero otras me paralizaba, agotado, sin saber por qué me había embarcado en este proyecto. Daniela De Lucía, mi pareja, fue la que más la escuchó y, además de ser paciente y una increíble compañera, me ayudó a ver un lado más humano de lo que nos pasa y a reconectar, cada vez que lo necesité, con mi objetivo de ayudar. Gracias, mi amor.

Gabriel Schwartz, mi hermano, siempre me apoyó en todas mis locuras y me ofreció un poco de paz, repitiendo cuantas veces fuera necesario "con el andar del carro se acomodan los melones". Además me disparó ideas o, directamente, se las robé, como lo hice para armar la esencia del primer capítulo.

Quiero darle las gracias a mi papá, que todos los domingos me felicita por lo que escribo y me ayudó a entender qué podemos hacer hoy para llegar tan bien a los 86 años. Gracias por las enseñanzas y el apoyo.

También quiero agradecerle a Carolina Genovese y a todo el equipo de V&R, que tomaron el desafío de apostar por un loco que antes había autopublicado un libro de tapa dura y era tan largo que resultaba absurdo. Gracias también por la paciencia, las discusiones y los diferentes puntos de vista para agregarle valor a este libro. Y también gracias por ayudarme a ordenar mis ideas, enfocar el proyecto y ponerle ritmo cuando hizo falta. El mundo del libro está reinventándose y estoy feliz de haber encontrado una editorial que abraza el cambio.

Mis seguidores, principalmente en dos redes sociales (tanto la más aburrida, LinkedIn, como la más linda, Instagram), también han sido clave. Me apoyaron en este camino, soportaron mis experimentos, opinaron y discutieron en muchos temas que han influido en el desarrollo de este libro, directa e indirectamente. Muchas gracias a todos. Seguiré haciendo el esfuerzo de que la primera de esas redes sea más divertida y la segunda, más fea, manteniendo el balance cósmico social.

Dicen que si quieres aprender algo puedes leer un libro pero, si realmente quieres saber del tema, debes escribir uno. Por eso, por último, quiero agradecerte a ti lector, que con tu tiempo me honras. Siempre calculo cuántas horas le dedicará cada uno a la lectura, lo multiplico por la cantidad de lectores que espero y llego a un número enorme (varios años). Cada vez que hago esa cuenta me baño en humildad y agradecimiento, y pongo manos a la obra para seguir dando valor. Gracias.

# ¡Tu opinión es importante!

Escríbenos un e-mail a
miopinion@vreditoras.com
con el título de este libro en el "Asunto".

Conócenos mejor en:
www.vreditoras.com
f ⊙ **VREditorasMexico**
𝕏 **VREditoras**